なぜリベラルは敗け続けるのか

岡田憲治

集英社インターナショナル

なぜリベラルは敗け続けるのか

岡田憲治

集英社インターナショナル

はしがき

本を書くということは、すなわち世界を自分流に切り取り、「これが自分の見える現実なのです」として、それを言葉で表現することに他なりません。ですから本を書けば、人はいろいろ得たり失ったりするものです。「そうそう、オレにも世界はそう見える」と賛同されたりもすれば、「はぁ？どこの何を見てるんですか？」と批判されたりもします。

でも、それは仕方がありません。

なぜならば、人は見たいものだけを見て、最初から出ている結論を確認するために本を読むことが多いからです。新しく学ぶというより、前からそう思っていたことを「ほら見ろ、やっぱりそうじゃないですか」と安心したいのです。

私はこれまで本を書くことで、たくさんの人たちと友人になることができました。ありがたいことです。

思いを共有できるとは、本当にうれしいことです。「思っていたことを代弁してくれた」と言われれば、物書き冥利《みょうり》に尽きるというものです。

しかし、今回私は、「見たくないものも見て、安心して確認できないことを突きつける」という目的でこの本を書きました。

ひょっとすると、これまで友人だと思っていた人たちから「さよなら」をされるかもしれません。「よく言ってくれた」ではなく、「そんな人だと思わなかった」という言葉が返ってくるかもしれません。もしそうだとしたら、私はその人たちにとって「友人」ではなく「安心させてくれる人」だったのかもしれません。

別れは人生につきもので、数え切れない人たちとお別れをしてきました。「でも別れはいつもいつもつらいものさ」（安部俊幸『サンセット通り』）ですから、どうしてそんな切ないことをするのだと疑問に思われるかもしれません。

でも私はこの本を書きました。見たいものだけを見て安心し、もう決めてしまったことを再確認し続けていても、これ以上に友人を増やすこともできませんし、それでは世界は変わらないと思ったからです。

つまり、世界を変えるために自分を変える必要があると思ったのです。

そしてそのためには、「良くも悪くも変わらぬ自分を棚上げしないこと」から出発する必要があると考えました。それこそが「変わらぬ想いが自分を変えていく」ということなのだと考えて、この本を書くことにしました。

友を失い、そしてまた新しき友を得るための「安心しにくい」答えと、それを導くきっかけを、身もだえしながらこれから示そうと思います。

第一章 なぜリベラルは「友だち」を増やせないのか……33

第二章 善悪二分法からは「政治」は生まれない……53

第五章

すべての政治は失敗する……109

第六章

「お説教」からは何も生まれない……132

エピローグ

装丁・本文デザイン　大森裕二

なぜリベラルは敗け続けるのか

プロローグ　オトナになれない私たち

私、オカダはこんな男です

私は、大学で政治学を研究し、学生に説いています。それが私の仕事です。

大学では政治について、どういう意味で様々な言葉が使われるのか、その考え方はどういう歴史を経《へ》て今日に至っているのか、現実の政治を理解し、分析するためにはどういうツールを使うのかなど、色々説明しています。

これは私が日々、やっている「政治を説明する」という仕事です。

しかし、これは「政治をする」ことと同じではありません。「政治をする」というのは、政治に参加する、政治のプロセスの中に身を置くということです。

でもそれはさほどむずかしいことでも、大それたことでもありません。市民として関心を持ち、正しいと思うメッセージを声とペンとネット（ＳＮＳなど）を使って発信し、そして有能な人を選挙で当選させるために協力をするだけです。それが政治を「する」ということであって、さほどの能力や資格がなくても、その気になれば誰にでもできます。

私自身は、新聞など、様々なメディアで政治的「提言」をしています。特定の政策問題で、時々の政権の批判をしたり、人々の関心を喚起したりして、政治を良くするために言論活動を行なっています。あまり変な作り込みをしない番組ならば、たまにはテレビやラジオにも出演します。自由なインターネット・ラジオには、もう七年くらい出ています。

これだけでなく、私は自分たちの生活や人生に不可欠な基盤である「社会を色々なやり方で守る」という「政治的」目的のために、何冊かの本を書いています。

そして、そうした言論活動の補助作業としてSNSを活用して、友人たちに読んでもらうための備忘録を書き、言論の友人関係を作り、発展させ、各種イベントを告知したりしています。

SNSでは政治に関わる色々なニュースを読み込んで、一般の人々が陥《おちい》りやすい勘違いや誤解、あるいは「今さら聞けないよ」と思っていることだけど「今からでも知っておいた方がいいこと」について、時々かなり丁寧に解説などをしたりもします。

こうした「政治をする」ことのほかに、私は実際の選挙にもコミットしています。

地域の代表を国会に送り込む選挙の際にも、献金をしていますし、街中に掲示するポスター貼りの準備も何百枚も手伝います。商店街に候補者と一緒に出て行って、国政報告レターやチラシなども配ります。夜中の二時に「当選当確」のテロップがテレビ画面に出るのを選挙事務所で待ちながら、歓喜の万歳もしました（ちなみに、あの万歳はNHKが演出するんです）。

中でも友人、PTA活動や地域とのつながりから、女性たちの能力の高さをあらためて実感した私は、一人でも多くの女性議員を政治の場に送り込むべきだと確信して、自治体議員選挙でも、女性の新人候補者を商店街中引っ張り回して、顔見知りの人たちに紹介した時には、彼女に「頭《ず》が高いよ！ それじゃ投票してもらえないよ！」などと説教したりしている始末です。

要するに、私は、ズブズブに、政治をしています。

もちろん学校の教壇《きょうだん》には、こうした「政治をする」ことは持ち込まないようにせねばなりません。教室で「政治をする」となると、これは学問における「教壇禁欲《きんよく》」（教える者は己《おのれ》の価値観をよくよく知り、それに引きずられてはならない）という原則から外《はず》れますから、やはり慎まなくてはなりません。

とはいえ、同じ人間が話す言葉ですから、あまりに常軌《じょうき》を逸《いっ》した政治状況の中で話せば、結果的に講義がある種の政治的色合いを帯びてくるのは避けられません。それでもなるべく気をつけて、将来、学生たちが「政治をする」時に自分の頭でものを考えるのに、いくらかでも役に立つようにという気持ちで、政治についての説明をしているというわけです。

連戦連敗の私たち

言うまでもないですが、この「政治を説明する」と「政治をする」ということには、大きな違いがあります。

これは何も政治に限ったことではありません。「サッカー戦術を学ぶ」ことと「サッカーをする」ことには、天と地ほどの違いがあります。サッカーの戦術や歴史を教室で学んだからといって、実際のプレイがうまくなるわけではありません。しかし、サッカーの言葉をたくさん耳にすることで、その人のサッカーはそれまでと違ったものになるのは間違いないでしょう。

ところが、サッカーならぬ政治の説明を学生たちにしたり顔でしている私は、実際の政治ではひたすら負け続けています。ええ、実に本当のところ、負けっぱなしなのです。もしかすると、勝ったことをもう忘れてしまったと言ってもよいくらい、負け続けているのです。

具体的に言ってみましょう。私は、

二〇一三年十二月、「特定秘密保護法」の成立を許してしまいました。

二〇一四年七月、安倍《あべ》内閣による集団的自衛権に関する「解釈改憲」を許してしまいました。

二〇一五年九月、違憲の疑いのある「安保法制」（安全保障関連法）の成立を許してしまいました。

二〇一七年六月、これまた違憲の疑いのある「共謀罪法」（改正組織犯罪処罰法）の成立を許してしまいました。

この他、沖縄・辺野古《へのこ》の埋め立て問題、森友《もりとも》・加計《かけ》学園問題とそれに伴う公文書偽造問題、自衛隊・日報隠蔽《いんぺい》問題、TPP問題、改正水道法成立、カジノ法成立、教育指導要領改正に伴う「道徳教育」の教科化……枚挙にいとまがありません。これらの戦いにおいて、私は負け続けてきています。もちろん、第二次安倍政権が生まれてからこのかた行なわれてきた四度の国政選挙（二度の総選挙、二度の参議院選挙）においても、自公政権の圧勝を許してきました。

まさに連敗です。まったくいいところがないのです。

デモクラシーが破壊されている

しかし、言い訳をするわけではありませんが、私はこのどの勝負においても最初から「負けてこそ浮かぶ瀬《せ》もあり」などと思って戦いに臨《のぞ》んできたのではありません。むしろ「我が方に正義あり」、「こんな非道を天が許すはずがない」と信じて戦ってきたのです。

でも、結果はこのとおり、全戦全敗の体《てい》たらくぶりです。「いったいお前は、政治の何を説明してきたのか？　どの面《つら》下げて、政治学を教えていますなんて言えるのか？」と、世間様に問い詰められそうなほどのダメぶりです。

これに対して、読者の中には「ちょっと待ってよ。全敗って、自民党が勝てば不正義で、野党が勝てば正義なんて、あまりに偏ってるんじゃないの？」と違和感を持つ人もあるかもしれません。たしかに、世の中には人の数だけ「正義」や「正論」があるわけで、つまり政治的立ち位置は、その選択の結果です。

結果から判断するなら、「安倍さんが勝ち続けているんだから、世の中にはそれだけ自民党支持者がいるってことであって、そりゃ、あんたが単にマイナーなんだよ」と。

そのご指摘はたしかに事実ですから、別に反論もしません。私の立場は、そういう風に見られがちでしょう。でも、私がここ数年「これは本当にまずいことになっているなぁ」とジリジリと焦《あせ》っているのは、単に私が野党びいき、いわゆるリベラル派、アンチ自民派であるからではありません。

私が「まずいな」と言っているのは、この「安倍一強」の情勢の下で、自分たちのデモクラシーそのものが少しずつ破壊され、少しずつ殺されている、そういう危機的な状況となっているからなのです。

「普通の民主主義」を守る

ちなみに、最近は同じ言葉に人々が色々な意味を勝手に込めて使うために、話がトンチンカンになっていますから、最初に少しだけ断わり書きを入れておくと、私がこの本で言う「リベラル派」や「野党派」、あるいは「反自民陣営」といった言葉には、さほど特別な「思い」や学術的意義はありません。

「リベラル」については、すでに書いた本で説明していますが（「そもそもリベラルがわからない」『静かに「政治」の話を続けよう』、亜紀書房、二〇一一年）、それは「国家よりも個人を、伝統よりも新しい価値観をやや優先して、そして経済を市場だけに委ねないやり方で社会を守る」くらいの立ち位置を意味するだけです。私がもし「リベラル派」だとするなら、それは鋼鉄のようなイデオロギーがあるからではないです。私の考えをもう少しだけ丁寧に言うとこういうことです。

「現代社会はグローバルな世界なのだから、国家の権威や家族の伝統などという価値よりも、この世界を支えている多様な人たちと個人として結びついて、風通しよく自由にものが言え、『努力など無駄だ』とすべてを諦めてしまう人をなるべく少なくする世の中を、自分と同じ欠点だらけの友人たちと相談しながら、なんとか運営していくしかない」と。

だから今、私が「野党派」だということは、崇高《すうこう》な教義に基づいて常に反権力側だけを支持して、「与党憎けりゃ袈裟《けさ》まで憎い」ということではありません。第一、民主党政権の時は、「与党」である民主党を支持していましたし、今でも自民党内の少数のまっとうな考えの人たちとは友人です。「反自民」というのは、「今の安倍政権にはどうしても賛成できない」くらいの意味です。

私は、無力な人間が助け合いながらなんとか生きていけるための社会を守りたいだけです。だから、もともとこの世の運営としては欠点の多い民主政治の支持者に過ぎません。煎《せん》じつめれば「普通の民主主義をちゃんとやろうよ」と思っている有権者の一人です。

近代国家としての最低限のルール

話をもどします。

民主主義が少しずつ殺されている——などと書くと、おいおい、またぞろあのヒステリックな人たちみたいな言い方かよ？　大げさなと、反応されるかもしれません。

しかし、民主主義は、近代以後それなりの時間をかけて、ものすごい数の人たちが苦労しながら作り上げてきた知恵と経験の成果であると同時に、やっぱり不完全な私たちがやっていることなので、色々と注意しないと、事《こと》もなげな風景の陰で、いとも簡単に壊れてしまう、もろいものなのです。だからこれは大げさな言い方ではありません。

たとえば、不完全な人間が合意を作るためには、政権の中でどのように意思決定がなされたかをきちんと書き残すという習慣が、民主政治には必要不可欠です。それがなければ、誰がその政策決定において濃淡それぞれの責任を引き受けるのか、また、かりにその政策が失敗したとしたら、どういう拙劣《せつれつ》な経緯《いきさつ》と迂闊《うかつ》さによって、それが起こったのかを、次世代の人たちが検証することができません。民主政治は必ず失敗しますが（後述）、だからそれをなるべく繰り返さないための工夫が絶対に必要なのです。

ところが昨今、いわば国家の不具合の診断カルテとも言うべき統計値が、ある種の忖度《そんたく》によって「書き換えられている」という事態が明らかになっています。これは民主主義うんぬん以前に、近代国家としての最低限のルールが、今の日本ではないがしろにされているということです。

さらに言えば、圧倒的多数を用いた強引な「議会を殺す議事」がなされ続けています。多数をとった党派は古今東西すべからく傲岸《ごうがん》不遜《ふそん》となるものですが、最近の日本の政権のそれは、もはや民主主義国家としての最低限のセンスとプライドすら捨てたかのようなありさまです。

後に詳述しますが、安倍政権は野党からの度重《たびかさ》なる国会開催要求を無視し続けたばかりか、野党の質問時間を削減するという、日本の立憲政治始まって以来と言ってもいい暴挙を行なって、政権に都合のいい議事運営をし続けています。増えた与党議員の質問時間は、もはや見るに堪《た》えない「総理へのゴマすりアワー」と堕しています。

さらにマスメディアとの関係で言えば、菅《すが》官房長官は定例の官邸記者会見において、特定の新聞記者（東京新聞の望月《もちづき》記者）の質問を制限・無視するといった、世界基準ならジャーナリストが全員連帯して抗議するべきことも、平然と行なっています。

こんなことがなおも続けば、日本の民主主義はやがて取り返しがつかないほどに破壊され、殺されてしまいます。民主主義が殺されているとはこういうことです。

「なおも続けば」と言いましたが、もうすでに公的な記録がこのように破棄、隠滅されていて、それにブレーキがかかっていない以上、もはや私たちの子どもたちは安倍政権が行なったことの検証もできなくなっています。すでにもう日本の憲政史において、取り返しのつかない状況が生まれているわけです。

誰が民主主義を殺すのか

いったいぜんたい、安倍政権が返り咲いてからわずか六年の間に、どうしてこれほどまでに、「民主主義殺し」が行なわれるようになったのでしょうか？

その犯人は色々と考えられるでしょう。第一には、近代憲法を完全に否定するような、「私が国家である」とまで言ったとされる安倍首相であることは言うまでもありません。

これは自分を「立法府の長」と間違えた無教養とは、レベルの違う話です。

次に、その周りにいて、懲罰人事への恐怖によって生まれた首相への忖度と、己の傲慢な野心から、行政府の様々な部署に圧力をかけ、文書を抹消し、統計データを修正させた官邸まわりの人々です。霞《かすみ》が関《せき》のエリートは、もはやエリートとしてのプライドを捨てました。

第三に、金と選挙の公認をにぎる総裁の権力に怯《おび》えて、何も正論が言えず、家畜、社畜ならぬ「党畜」と成り果てた多くの自民党の議員たちです。そして、あらゆる政策的整合性と理想を全部棚に上げて「与党にとどまることだけ」を至上目的に行動している公明党……こうやって数え上げていけばやはりきりがありません。

しかしながら、実はもっとも重大な責任を背負っている者たちがいるのです。それは何をおいても、「安倍一強」とも呼ばれる事態を許し続けた、我々、つまりアンチ安倍政権派、リベラル派、野党陣営です。

要するに、安倍政権による「民主主義殺し」というものが着々と進みつつある今、それを止める側の我々に力がないということが、この事態を許した最大の原因であり、それは直接的には、事実として選挙で自公連立政権を脅かすほどの議席を取れなかったということです。

なぜ我々は負け続けているのか

名将・野村克也《のむらかつや》監督の口癖は、「勝ちに不思議の勝ちあり、負けに不思議の負けなし」ですが（これはもともと、肥前《ひぜん》・平戸《ひらど》藩主の松浦静山《まつらせいざん》の言葉だそうです）、私たち側の負けっぷりもけっして「不思議の負け」ではなく、そこにはちゃんとした理由があります。その理由を、まずはつまびらかにしなければ、民主主義の救命など望みようもありません。

負けの理由などと言っても、それはもう数字を見れば明らかで、七〇％近い議席を取られたんだから、もうどうしようもない。リベラル派や野党は少数派にしか支持されていないんだから。そんなことは、床屋のおじさんだって言いそうで、多くの人たちはぼんやりと「ま、そんなところだな」と思っています。

しかし、野党側の負けっぷりを少しだけ注意して検討するならば、実は私たちにも「勝機」がなかったわけではないことがわかるのです。

これもあとで詳しく説明しますが、過去に行なわれた国政選挙の投票数を見るならば、自公に投票した人たちの数と、野党（「日本維新の会」は微妙ですが）へ投票した人の数は拮《きっ》抗《こう》しているばかりか、二〇一七年の総選挙においては自公よりも野党の方が上回っていました。

もう一度言います。

投票に行った人の半分以上の人が、野党に投票していたのです。

しかし、選挙が終わってみれば、自公合わせて六六%を超える絶対多数を取られていました。国会の両院本会議のみならず、すべての常任委員会で多数派を作れる数です。

野党陣営はいったいなぜこのような「ボロ負け」状態になったのでしょうか?

それはひとえに野党側が、小さな違いを懐《ふところ》に収めながら大同団結するという判断をせず、非常に狭い範囲で個々に戦いをしてきたからです。やり方を考えれば勝てたのに、守るべきものを間違えて、いくつもの勝機を逃していたからに他なりません。

もし、少数野党が一つにまとまって自公政権に対峙《たいじ》していたならば、たとえ政権交代まではには至らなかったとしても、ここまでの横紙《よこがみ》破りを政権側もできなかったでしょう。

そんなことは何も私の「大発見」などではなく、小学生にだって分かる理屈です。強大な相手を押しとどめるには、力を散発的に展開しても効果がありません。団結して集中して、相手の弱点に挑まなければ勝てません。

もちろん、現実には様々な人たちが野党の団結を熱望し、提案してきました。でも、なかなかうまくいきませんでした。どれだけ安倍政権が筋を外す政治をしようと、政権の支持率がさほど下がらない、やや手詰まりの現在の政治状況を考えれば、野党の団結・連合はさほど簡単にできそうにありません。

そもそも野党陣営の人たちが「あそこの党と組むくらいなら死んだ方がマシだ」などと思っている節《ふし》さえあるのですから、これはもう相当絶望的です。かたくなな野党支持者は、テストで満点を取るくらい非の打ち所がないくらいじゃないと、よその政党など支持できないと言っているようです。そして、そんな内輪もめを横から見ている安倍政権は、大喜びです。

もうちょっとだけオトナになろう

この本を書く理由がはっきりするように、最初に言ってしまいましょう。

こうした野党同士の内輪もめが起こるのはなぜかと言うと、それはひとえに野党側、リベラル側の人々が、実は「ちゃんと政治をやってこなかった」からです。

「政治をやってこなかった」という言葉は、別の日本語に翻訳しますとこうなります。

私たちは、まったくもって「子ども」だったのです。

だからそれに対して言うべき最初の言葉は、「ちゃんと政治をやろうよ」というものであって、それは結局「もうちょっとオトナになろうよ」ということです。

サッカーで言えば、残り時間もわずかで一点取らないとW杯予選敗退なのに、綺麗なパスだの、サッカーの本質だの、そんなことにこだわって、敗戦後のインタビューで「俺たちのサッカーをやるだけです」などとなおも意味不明なことを言っている、残念なサッカー選手のようです。サッカーはしてるつもりでしょうが、サッカーの「試合をちゃんとやっていない」のです。

考えていることの本来的な正しさや正義ではなく、「今何をしなければならないか」という問題に立ち向かう時の自民党側の人たちの「オトナぶり」に（半分、揶揄《やゆ》もこめつつ、同時に「うーん」と唸《うな》りながら）、私は舌を巻いています。

野党のバラバラぶりとは対照的に、自民党の選挙対策は実に統制が取れており、何もかもが計算ずくです（公約や政策の整合性など全部放置ですが）。彼ら自民党から見れば、今の野党を負かすのは赤子の手をひねるほど簡単なことでしょう。なぜならば、いつものように正論を言わせて、ひたすらバラバラに戦わせておけばいいからです。

「ちゃんとした政治」をするのに必要なこと

そんなことを書くと、リベラル派、野党派の読者の中からは「お前は、我々に自民党のような腐った政党になれと言っているのか！」という烈火《れっか》のごときお叱りが来そうです。かつて私の本を読んでくださった方も、「オカダさん、苦しさのあまり筋を外して転向しちゃったんだぁ」とがっかりするかもしれません。

しかし、私は腐れ政党を目指せとも言いませんし、転向もしていません。だから逆にお尋ねしたいのです。

「だったら、このまま民主主義が殺されるのを、手をこまねいて見ているのですか？」と。

「あなたの言う『筋』とやらと引き換えに、日本の憲政の破壊を見守るのですか？」と。

「暗黒を回避するために、ちゃんと政治をやらないといけないんじゃないですか?」と。

私が言いたいのは「野党も自民党のようになれ」ということではありません。

そうではなくて、「野党・リベラル陣営よ、もう少しオトナになりなさい」、「私たちがもうちょっと成熟しない限り、この状況は永遠に変わらないよ」ということです(事実、すでに「安倍総裁の四選」という身の毛もよだつような話も出てきています。自民党総裁の任期は無期限になるかもしれません)。

では、いったい政治において「オトナになる」とはどういうことでしょうか?

民主主義における「オトナ」とは何者なのでしょうか?

どうすれば、「ちゃんと政治をする」ことになるのでしょうか?

本書は、私自身の悔恨と反省を踏まえつつ、「オトナの民主主義」「オトナの政治学」を語っていこうという目的で書かれたものです。

ここまで書いてきたことも、すでに何やら偉そうに響くかもしれませんが、他ならぬ私自身がまた長い間、「子どもじみた正論」をふりかざして、「俺らしいサッカー」とか言ってきたという残念な来歴を持っております。いや、今でも子どもじみた部分が心のそこかしこに残っていると言ってもいいでしょう。にもかかわらず、いやそうではなく、「だから」こそ、ここで政治の再出発をしたいのです。

その意味で、この本は「リベラル派の誰かさん」、「あの野党好きな人たち」の話である前に、「この私」のダメっぷりというところから始まる本です。織田信長《おだのぶなが》の人生を思えば、もういつ死んでも文句は言えない人生の折り返し点をすぎた「今さらながら」ではありますが、政治について公言してきた自分には、この苦しい作業をする責任があると思いました。

自分のダメっぷりと向かい合うのは、結構キツいのですが、頭を低くして前に出ますので、どうかしばしの間、お付き合いいただければ幸甚《こうじん》であります。

第一章　なぜリベラルは「友だち」を増やせないのか

最重要な課題としての「友だち増やし」

さて、何をおいてもまずは、「政治をする」とはどういうことか、そしてそのためにはどうしたらいいかについてのとっかかりを話さねばなりません。

最初にはっきりさせておきたいのは、私がここで話しているのは「政治」の話だということです。「そんなことは分かっている」と思われるかもしれませんが、実はここにあえてアクセントを置いてお話しせねばならないのが、この話の最初の、そして重要なところなのです。私が言いたいのは、「政治」は「思想」とは違います、そして「道徳」でもありませんということです。思いのほか、我々の間で共有されていないのは、この「政治と道徳の違い」「政治と思想の違い」です。

正直で誠実で高潔な人間を我々は「立派な人」として尊敬します。揺らがぬ信念を持ち、確固たる思想を持っている人にも「天晴《あっぱ》れ」と、敬意を持つでしょう。

しかし、こと政治においては、そういう意味で「立派で天晴れな人」であることは、かならずしもよい評価の対象にはなりません。高潔な人、どんな試練にも負けない鋼《はがね》のような信念の人もまた、政治においてはかならずしも高評価を与えられるとは限りません。

では政治において高評価をもらえる人とは何か？　それは「望ましき結果を出している人」ということです。政治の場で行動する人が、そこで実際に何を勝ち取っているのか。ひとえにそこに政治の評価はかかってきます。

そのような評価軸においては、正直な人、まっすぐで清廉《せいれん》な人、鋼のような信念の人はいずれも最初から苦しい戦いとなります。そういう人たちはたしかに人間としては立派かもしれませんが、立派すぎるがゆえに、負けることが多いのです。なぜならば、政治において勝つということは、「どれだけ汚れなき道を歩むか」ではなく、政治における「己の仲間をどれだけ増やすことができるか」という一点にかかっているからです。

大人としての人生を歩んでいれば誰もがお分かりのように、世の中はそんなご立派な人ばかりが生きているわけではありません。

付和雷同《ふわらいどう》ばかりの人、しくじり通したがゆえに心が捻《ね》じ曲がってしまった人、努力はしていても結果は出せていない人、本当に正直に生きているけれどもなぜか巡《めぐ》り合わせがよくなくて苦労をしている人、あるいはできることならばつねに楽をして、人様のおこぼれを低コストで頂戴《ちょうだい》しようなどと思っている虫のいい人、そして最強なる、ほぼ何も考えずに淡々と「流されるままに生きている」人（森高千里《もりたかちさと》『今日から』）、そういう人たちの方がこの世には圧倒的に多いのです。

そういう人たちから見れば、清廉潔白で、心もまっすぐで、不動の信念を持っているような人はなんだかたいそう「ご立派」で、時に「己に非なし」とするほど傲慢《ごうまん》で、聖なる場所から出てくることなくかたくなで、どうにもとりつく島もないように映ります。つまり「心が開かない」のであって、そういう気持ちになった人を味方にするためのハードルは実に高いのです。

ですから最も大切なこととは、そういう特に悪気もなく、適当に汚れちまって、でも巨悪として生きるなどという野心もない、普通の小心かつ善人たちが持つ欲望や願いを、おおよそ大づかみで取りまとめて、一人でも多くの仲間や賛同者を集めることです。望ましい結果を得たいならば、そこに政治の勝ち負けの分かれ目があるからです。

そしてそれは、一人ぼっちでは何もできない、イヤイヤであろうと、喜んであろうと、他者とともに生きざるを得ない我々のこの世の運営をする時に、かならず直面する問題です。つまり、これは何も民主主義のルールや慣習が浸透した社会だけに限ったことでなく、ありとあらゆる社会や時代に共通する「政治の鉄則」なのです。

「公約」という優先順位リスト

むろん、このような「悪意なき（悪意のある人もいます）わがままな人たち」を一つに束《たば》ねていくというのはさほど簡単なことではありません。世界のイメージ、世界と自分の関係はこうありたい、ああなりたい、そうだと楽チンだと、各々の欲望や願いはみんな違うわけですから、それを同時に実現するなどどだい不可能なわけで、そんな夢みたいなことを真《ま》に受ける大人はいません。

では、どうすれば仲間や友人を作り、望ましい集団を形成して、政治に勝つことができるのでしょうか？

それにはまず、「どの決め事を優先するかに関する暫定的順位付け」を明確に指し示すことです。

「暫定的」としているのは、仲間を増やし、ある程度の期間友だちでいるためには、この順位付けの後に、もしあまりにも文句タラタラの人々が多かったら「ごもっともだと思いましたので、ちょっと修正してみました」という対応をする可能性があるからです。

後に詳しくお話ししますが、選挙において言われる「公約」というものは、この「とりあえず物事の優先順位を一覧表にしておく」ことに他なりません。何が自分たちにとって必要なのか、大切なのか、そういうことを決めなければならない政治に直面する人なら、「公約」という優先順位リストを有効にアピールして、友人を増やさねばなりません。

生活第一主義を自認する人ならば「高尚《こうしょう》な話は、飯が食えるようになってからだ。まずは経済が優先で、全員が豊かに暮らせる国にすることが先決で、憲法とか、文化とかは後回しだ」と考えます。他方、安全と安心こそ基本と思えば、「カネを稼ぐにも、心中《しんちゅう》穏やかならずとなれば、それはうまくいかん。隣国の軍事力が脅威となれば、まずは軍備を増強しないと、国民みなが奴隷同然の境遇になる」と言うでしょう。つまり、ここでの選択は「何が一番正しいのか?」ではなく、「順番をどうするんだよ?」ということです。

だからこういう風に問われている時に、ひたすら「正直で誠実」にこだわる人、「理想

「理念」で、キラキラとした世界を追求することに終始する人は、「問われていることに答えていない」ことになります。つまり「やらねばならないこと」から逃げて、「やりたいことだけを言う」人となっているということです。対話をしていないということです。

己が信じるただ一つの主張、ただ一つの思想を掲げて、「妥協なき戦い」を目指すのは、政治ではありません。いつかは世界を作り変えるのだとする、息の長い思想運動です。そういう人は政治家とは言わず、思想家と呼ぶのがふさわしいでしょう。残念ながら、多くの人が求めているのは政治家であって、思想家ではありません。

繰り返し強調しますが、政治において最も重要なことは、「政治における友人を増やすこと」に他なりません。友人と言ってもそれは腹を割って何でも話せる、いわゆる「愛すべき友人」ではありません。「政治」の友人です。つまり、「自分たちの生活や人生に影響を与える問題の優先順位を決める時に協力し合える」友人です。これを一人でも多く増やすことこそ、政治における望ましい結果であり、「勝ち」なのです。

ここに目標を置かないならば、世界が壊滅する姿を前に「いつか世界はかならず復活する」と呟《つぶや》きながら傍観することになります。まず崩壊を止めろよ、と言いたくなります。

色々ある勝負の場面

ここまでお読みになった皆さんはおそらく「これは国政選挙の趨勢《すうせい》についての話だな」と思うことでしょう。

そのとおりです。

しかし、それだけのイメージにこの話を集約させてしまうと、我々が関わっている（関わらざるを得ない）政治の持つ表情の豊かさを見逃してしまいます。なぜならば、どうすれば多くの仲間（支援者・賛同者）を得られるかという難題に向かい合うのは、何も天下国家の話に限った話ではないからです。

たとえば、我々の生活により密着する日本の地方議会では、任期中に妊娠・出産しただけで若い女性議員がベテラン議員たちに「議員なのになんと不注意なことか！」などと、何重の意味でも人権を無視した叱責をされるようなことが起こっています。

子育て世代ゆえに議場に赤ちゃんを連れてきただけで大騒ぎになり、「規則違反だから厳重注意しろ」といった、人間の現実に寄り添うべき政治家が現実を一顧《いっこ》だにしないような馬鹿げたことが起こります。

最近ですと、熊本市議会はそれで世界的に有名になりました。

まさにこういう時に「新しい時代には新しい議会のあり方が必要だ」、「男女共同参画の時代の流れに逆行している」というメッセージを、仲間を増やして、友人を束ねて、日本中から発信することに成功したらどうでしょうか。そうすれば、旧態依然の地方議会の中にも、機を見るに敏な穏健派・中道派の人々が「議院内の友人」になってくれ、おじさんばかりが集ってきた古臭いルールが改正されるかもしれません。

こうしたアピールのもたらす力は、まさに「政治」の持つ働きの一つです。そして、それは単に一人の議員が孤軍奮闘、議会で正論を述べていた「だけ」では得られない結果だとも言えます。くだんの女性市議はまさに「仲間」を得ようとして「政治」を行なったということになるわけです。


もちろん、政治における勝ち負けには色々な要素が影響します。そして、その要素のすべてを把握することはできません。どんなに仲間を集めて有利な戦いをしたところで、ちょっとした「向かい風」が吹いたために、逆転されて敗北することも当たり前のように起こります。

しかし、どれだけ不確定な要因があったとしても、最初から何もせずに「美しい敗北」

ことが、政治の評価として問われてくるのです。

友だちを増やせなかったために起きたこと

政治の仲間を増やせないということは、たとえば議会人の立場では、議事運営の主導権を多数派に完全に握られて、できることの範囲がまったくもって小さくなってしまうということを意味します。議席が少ないというのは、それだけ政治に影響を与えられないということです。

弱小野党が国会でなかなか粘《ねば》れず、ずるずると与党主導の国会運営に引きずられるのは、何をおいてもまず数が少ないために、たとえば委員会や本会議をみんなでボイコットしても、「定足数《ていそくすう》（会議が成立する最小限の人数）を満たさなければ審議は行なえない」という、野党にとっての常套《じょうとう》手段が成立しないからです。仲間が少ないということは、それだけ抵抗の手段が少なくなるということでもあります。

一方、有権者の立場となれば、自分と考えを同じくする仲間を増やせなかったということは、自分の生活や人生に好ましくない影響を与える法律が作られてしまうことにつながります。

何よりも生活の安定を優先してほしいと願っていたのに、それとは真逆の政策を掲げる政党が勝ったとすれば、年間の収入から消費税率アップ分だけ生活費が減ってしまったりします。あるいは、親が死んだ後の相続税が上がり、取り分が一千万円減ったりします。

これらはもちろんひじょうに切実なゼニカネの話と言えますが、そうした生活に直接的にはつながっていないように思える分野でも、気が付かないうちに、自分たちの生活や人生を縛るような法律が決まったりします。

実際、二〇一二年の第二次安倍政権が発足して以来、そうした事態が立て続けに起こっています。これもまた、私たちの側が「仲間を増やすこと」に失敗した結果の話です。

その最たる例は、二〇一三年に強行採決によって成立した「特定秘密保護法」です。これは、政府が本来ならば国民（有権者）にオープンにすべき重大な情報（原発の安全基準、防衛費に使われているお金の分類、政治家や官僚が公正な手続きで決め事をしているかどうかを確認する文書）の公開の範囲を、実質的には「政府が好き勝手に決められる」ようにさせるものです。

国民の生活よりも、国家の統治や国際政治における地位の向上を優先する現在の政権にとっては、それは「正しい法律」なのかもしれませんが、たとえばものすごい増税が決まった時に「なぜ、そんな多額のおカネが防衛費に必要なのですか」と問うても、「それは国家機密だから答えられません」という返事を正当化することが、この法律によって可能になりました。政府のやっていることを検証するための素材が隠されてしまうのです。

二〇一七年に決まった「共謀罪法」(「改正組織犯罪処罰法」。心の中で犯罪計画を立てただけでも罪に問えるという、近代刑法の基本原則に抵触するような犯罪処罰法)もまた同様です。これは、悪用すれば国家に異議申立てをするあらゆる個人・団体を刑事捜査の対象にできる、いわば民主政治を即死させるような法律です。

「子どもに食べさせる食品の放射性物質の安全基準が甘すぎる」という理由で、「食と子どもの未来を考えるワークショップ」を開催しただけで、法律の運用次第では「共謀して反社会的活動をしたから逮捕します」と言われかねないような、暗黒世界に道を開く法律です。

憲法に関して言えば、二〇一四年六月に閉会した通常国会では、ただの一度も国会で議論されることなく、わずか数分の閣議で憲法解釈が変更されてしまいました。そればかりか、内閣法制局によって四十数年間維持されてきた「憲法上、集団的自衛権は認められない」という政府の公式見解が、どのような議論を経て変更されたのか、一切の議事録も存在しないというのですから、どこかの独裁国家、全体主義国家のようなありさまです。

そしてこの翌年には、この閣議決定を前提に一一本もの安全保障関連法が、議論にも値《あたい》しないような審議を経て強行採決されました。

「憲政破壊」を許した野党の責任

また、より直接的に憲法が無視されるようなこともありました。

二〇一七年、森友・加計学園問題などを理由に、野党が憲法五十三条に基づいて議会の開催を求めたにもかかわらず、与党はそれを九十八日間も無視したあげく、ようやく同年九月末に国会を開催したかと思いきや、その冒頭で衆院解散を行なうという暴挙に出ました。野党は要求した問題の審議をする時間を一秒も与えられませんでした。

これだけの憲法無視を重ねて、選挙後に開かれた二〇一八年の通常国会では、憲政史上例のない「野党の質問時間の削減」が断行されました。これは、戦後歴代のどのような政権ですらやったことのない、直接的な議会政治への挑戦です。

政治的道義と仁義とルールと理念の破壊は、それ一つ一つは生活に大きな影響を与えることはなくても、パイ生地を積み重ねるように、地味でも重大な出来事が連綿と続くことで、その延長線上には「トンデモナイ」出来事も生まれてくるのです。

それが先ほども触れた、森友学園問題です。

首相夫妻が深く関与している疑いのある、私立小学校経営者との国有地取引時の行政決裁文の改竄《かいざん》が明るみに出て、それをついに財務省が認めました。行政が行政重要文書を改竄するなど、近代国家の正統性を担保する意味で絶対にあってはならないことですが、この不祥事の責任を行政府の長である内閣総理大臣が財務大臣を辞めさせることもなく、現場の官僚の責任問題として処理しました。そうした現場官僚の中からは自殺者も出ました。

これらはいずれも、「それだけはやってはいけないことだ」とされてきたものであり、そのどれか一つでもあれば、本来ならば政権交代が起きて不思議のない不祥事です。ところが、実際には安倍政権は足かけ八年も続いています。

この状況をどのように解釈するかは人それぞれでしょうが、私はこれほどまでのスキャンダル、違憲状態を目の前にして、政権交代を一度として起こすことのできなかった「野党側の責任」はきわめて重大だと思っています。

もちろん、野党とてもこうした事態に何のアクションもしなかったわけではありません。

しかし、結果から言えば、野党の側は安倍政権を脅かすほどの「仲間」を作れなかった。そのために総選挙でも議会でも野党側は連戦連敗を重ねてきたのです。まことに慙愧《ざんき》の念に堪えません。

私はどの段階で負けているのか

繰り返し言いますが、なぜこれほど私がこの事態を憂慮するかと言えば、このまま政治に負け続けると、今度は「選挙など必要ない」という暗黒時代が現実化しかねないからです。つまり、もう連敗することすらできない、「選挙のない国」となるという事態です。

ご冗談を、と思われるかもしれませんが、戦後憲政史上、どれほど圧勝した与党でも絶対にやらなかったことが、平然と行なわれつつある以上、もはや我々は「まさかいくら何でもそんなことまではやらんだろう」とたかをくくることができないような地点にまできています。

民主政治はとりあえず世界標準のものだろうと思っていても、実は思いのほか簡単に死んでしまうものなのです。

しかしながら、この状況において我々にまったく望みがないというわけではありません。

本書の冒頭（26ページ）でも触れたように、我々は投票行動の積算レベルで言えば、議会の議席配分ほどの圧勝を許していないのです。

たとえば、二〇一七年秋の選挙において投票に行った人の数は比例代表の得票総数で五五七五万人ですが、この中で自民党と公明党の得票数は、全体の四五％に過ぎません。得票比率で考えれば、自公連立政権は、過半数すら取れない勢力なのです。

逆に野党は、もし統一候補者名簿を作成し、選挙の現場での共闘に成功していれば（維新を除く）、全体の約四七％を獲得して、自公勢力を凌駕《りょうが》していることになるのです。さらに、投票に行かなかった有権者を含めた全体で見れば「自公政権に投票しなかった人たち」は、全体の七四％（比例代表投票ベース）になります。要するに、積極的に自公政権を支持している人たちは、全有権者の四人に一人しかいません。

この数字を見れば、身の回りに「自公政権を断然支持する」「安倍首相は正しい！」という人が、それほどいないという理由も納得できるでしょう。

こうした数字上の現実は、政権交代のあった二〇一二年、間もなく行なわれた二〇一三年の国政選挙を除けば、その後つねに一貫したものです。

心をこじらせている私たち

このわずか四分の一の支持でありながら、今の安倍政権は「改憲発議可能」の六六％以上もの議席を得ています。

どうしてこのようなことが起こるのでしょうか？

その最大の理由は、野党の側が「ゲームのルールに合わせた上手な喧嘩《けんか》」をしていないからです。

衆議院の四六五ある議席のうち二八九が小選挙区という名前の「勝者独占区」（一票でも上回った候補者がたった一名だけ当選者となる）であるにもかかわらず、野党候補を一本化できずにバラバラに戦って、選挙区全体の半分にも満たない得票数の与党候補に議席をプレゼントしているからなのです。

また、残る一七六人の比例代表でも、計算上は野党統一の候補者名簿を作れば有利に戦えるのに、勝つ見込みのない小政党が「自党の存在を埋もれさせないように」という発想で分裂して候補者を立ててしまうために、大して得票数もない与党第一党に有利な戦いになっているわけです。

つまり、本来ならばお互い味方となって戦うべき野党が分裂し、手を組めないために

「安倍一強」を許しているということに他なりません。「仲間を増やす」という政治の本道から外れたことをやっているから、我々は負け続けているのです。

それにしても、なぜ、中学生でも分かる「必勝法」があるにもかかわらず、野党の側はそれができないのでしょうか。

大人ですから、それが分かっていないはずはありません。ですが、それができないのです。なぜかできないのです。そして同じように分裂選挙をして負け続けているのです。

これは、いったいどういうことなのでしょうか？

はっきりと言いましょう。

それは我々が負けることにあまりにも慣れすぎて、負けることにカタルシスさえ覚えるような「心のこじらせ方」をしてしまっているからです。

それは次のようなモノローグによって典型的に表現されるでしょう。

「我々はつねに正義を訴え続けてきた。自由と民主主義と平和と繁栄とを願う、我々の心には一点の曇《くも》りもない！　しかし、我々の正しさを理解しない悪《あ》しき者たちによって、我々はつねに攻撃を受け、孤立化し、不利な戦いを強《し》いられてきている。だが、今この戦いでは負けはしたが、いつかはかならず正義の御旗《みはた》を立てる日がやってくる！　明けない夜はないのだ！」

私たちは「子ども」なのです

こうした脆弱《ぜいじゃく》な、そしてその脆弱さにすら気が付かない、頑迷《がんめい》なる自己正当化が、本来ならば仲間になるべき人々への攻撃、嘲笑《ちょうしょう》へとスライドするにはさほどの時間もかかりません。

「なぜ世間の人たちは我々の正しさが分からないのか？　社会はこれほどまでに悪に支配され、人々が収奪され、大切なものが蹂躙《じゅうりん》されているというのに、なぜ彼らはそれに気付こうとしないのか。実に愚かしい。彼らは現実を見ようともしないし、我々の主張にも耳を傾けようともしない。本当に救いようもない。もはや彼らを覚醒させることは困難である。それは我々のエネルギーを無駄に使うことになる。必要なのは、理をとらえ、事実に勇気を持って向かい合う者たちの気持ちを鼓舞《こぶ》することだ。道は険《けわ》しいが、我々の理念と理想をとことん貫こう！」

これは、要するに「負《ま》け戦《いくさ》覚悟の少数の仲間を励ます」という、まったくもって狭い「政治」です。社会の少数派として正しさを貫くということ以外に、人々の力を引き出す働きとなっていません。

こんな発想に留まっている間は、我々はつねに負けます。この発想を見てお分かりのように、要するに、こんな風なことを言って開き直って、そして負けるのは、我々が「子ども」だからです。

子どもは自分の思い通りにならないことにぶつかると、それをすぐに誰かのせいにしたがります。親が悪い、兄弟が悪い、友だちが悪い、学校が悪いと。

思い通りにならないことの重要な理由は、それなりに自分自身にあるのだと薄々気付いているのですが、自分に起こったことの理不尽《りふじん》に対して、いったん拳《こぶし》を振り上げてしまった以上、簡単にそれを下ろすことができないのです。悪しきものを糾弾すること自体が、世界を語ることだという心の怠惰《たいだ》がそこにあります。

すねていれば、母親がやって来て「まぁ、言い分は色々だけど、まずはお風呂に入っちゃいなさいな」なんて、ありがたくも話をズラしてくれますが、我々は逃げも隠れもできない大人です。

負けたからといって、それを「安倍のリスク！」と揶揄《やゆ》したり、「マスゴミの連中が終わってるから」とパソコンの前で完結したり、「○○党の党利党略のせいでやられた」とムカついてみたりしても、目の前の荒涼たる風景に変化は生じません。そんなことをしてすねているうちに、自称一流省庁が行政文書を改竄してまで権力者におもねるような、暗黒一歩手前の自称民主主義国《エア》になってしまったのです。

我々は負け続けています。できればここからちょっとでも脱して、政治の友人をたくさん作りたいのです。そして、切なくもまた負けたとしても、明日につながる負け方をしなければなりません。

友だちを増やすために我々が分かっていなければならないことを、これから皆さんと一緒に考えていきたいと思います。

第二章

善悪二分法からは「政治」は生まれない

この世の善は悪がもたらす

前章で、私は「政治をする」場合に最も重要なことは仲間を増やすことであると述べました。いかに高邁《こうまい》な目的があっても、それを実現するためにはそのことを支持してくれる仲間が必要です。

仲間が増えれば増えるほどその目的はより実現しやすくなりますし、仲間が少なければいかに高い志《こころざし》を持っていても、低き志の相手方の勝利にほぞをかむことになります。

そこでまずもって始めるべきことは、「世の中を善と悪とに二分しない」ということです。

この世の中の善きことはすべて善意や善行から生まれると考えるのは子どもです。善い心がけから生まれた善い行ないが、善きことをもたらすのだと決めています。

こうした考えは裏を返せば、「この世の悪はすべて悪人がもたらしたものである」ということにもつながります。

もちろん、それは完全に間違った考えとまでは言えないのですが、しかし「正義はかならず勝つ」、「つねに善玉は勝ち、悪玉は敗れる」と思うのはやっぱり子どもです。


そもそも、誰が善玉で、誰が悪玉かをはっきり分ける方法があるならば、この世をよくすることは単純であって、この時には最も未熟な政治でことは済んでしまいます。悪人とみなされた者を、有無《うむ》を言わさず（時に物理的に）排除すれば、この世の問題はすべて解決してしまいます。武力による鎮圧など典型的な例です。

しかし、そういう単純な目線で世界を見ても、「どうして悪がいつも我々の行く手を阻《はば》むのか」という終わらない宿題への解答は見出せません。何しろこの世の中は、だいたいにおいて恒常的に巨悪から陳腐な悪に至るまで、いつもそういうものが跋扈《ばっこ》しているからです。


勧善懲悪のヒーローもののテレビ番組ばかり見ている子どもは、まずはこの世に「悪意」というものが厳然と存在することを学びます。そして「出たな！　ショッカー！」（『仮面ライダー』）と、ヒーローが指差し、悪の軍団をとっちめる展開から、「最後に正義は勝つ！」という、きわめてシンプルな構図を心に刷り込みます。

その基本構図をとりあえず身につけることは必要なことです。

しかし、だんだん大きくなるにしたがって「つねに正義が勝つのならば、悪の秘密結社はなぜ後から後から湧《わ》いて出てくるんだ？」と考えてもらわないと困りますし、「悪の軍団がときおり提示する、まともな理屈」などというものにも疑問を感じてもらわなくても困ります。善と悪とは、子どもが考えるほど単純なものではないのです。

そこから考えれば「出たな、シンゾー！（安倍晋三首相）」とばかりに、現在の首相をまるで悪の首領呼ばわりする発想というのは、大人としてはいかがなものかという話になります。かりに首相や与党が「悪の枢軸《すうじく》」だとしても、その悪を誰が支えているのかということにまで考えが及ばないのでは子どもと少しも変わらないからです。

オサムくん事件

そんな話をしていると、ふと自分のまわりに大昔に起こった出来事が思い出されます。

あれは浅間山荘《あさまさんそう》事件が起こった年のことです。東京郊外の小学校で、もはや誰も覚えていないある事件が起きました。名付けて「オサム、恭子《きょうこ》ちゃんのスカートに牛乳をぶっかける事件」。事件発生から約半世紀を経て、今、私が名付けました。

お昼休みに同じ班で給食を食べていた恭子ちゃんがシクシクと泣き出しました。誰かがいじめているわけでもなく、お腹が痛いわけでもなさそうな恭子ちゃんが泣き出したので、「おい、恭子、どうしたんだよ⁉」とバカ男子たちが騒ぎはじめました。

すると突然向かいにいたオサムくんが、やにわに手に持っていた牛乳を恭子ちゃんのスカートにぶっかけたのです。「ぎゃー」という哄笑《こうしょう》と悲鳴の中で、かわいそうな恭子ちゃんの下半身は、牛乳でびしょびしょに濡れてしまいました。

これを多数のクラスメートが目撃していましたから、すっ飛んできた担任の先生が「誰がやった⁉」と尋ねると、みんなは口々に「オサムくんです！」と答えました。当然、先生は激怒して、オサムくんは厳しく叱られ、給食を取り上げられ、昼休み中、廊下に立たされてしまいました。

しかし、叱られているオサムくんに対して、恭子ちゃんが、当時の子どもの言葉の持ち駒ではなんとも表現できないような視線を送り、日直当番に連れられて、保健室へ体操服への着替えをしに行く姿を、私は見逃しませんでした。

この世の大半の人間は悪意も邪悪な目的もなく、ただただ「ぼんやり」していますから、話を単純に振り返ります。

「俺見たよ、オサムがいきなり恭子のスカートめがけて牛乳かけた！」とキーチくんが得意になって解説し、ユウジくんも「俺も見た。ひでぇことすんな！　あいつ！」と重ねます。

なぜオサムくんは牛乳をかけたのか

私から言わせればどいつもこいつもボンクラばっかりです。

なぜボンクラかと言うと、一息ついて思い出してみれば、オサムくんが牛乳をかけたのは、恭子ちゃんが泣き出した「後」だと分かるはずだからです。すると疑問は、泣いている、すでに何らかの窮地にあった恭子ちゃんに、なおもピンチに追い込むような「スカートびしょびしょ」をもたらすようなことを、オサムくんはどうしてやったのかということになります。

話を単純なものにさせてしまったのは、「オサム！　何でこんなことをするんだ！」と怒鳴った先生に対して、オサムくんが要領を得た言い訳をしなかったからです。オサムくんはただ「あいつが俺の母ちゃんの悪口を言ったから」と静かに答えるだけです。

もしそれが理由なら、この事件の前に「恭子とオサムが口喧嘩《くちげんか》をしていた」という事実が目撃されていなければならず、狭い教室で班を作って机を四つに並べての給食ですから、このやりとりに隣の友人が気付いているはずです。

なのに、いきなりオサムが怒るか？　恭子も別に悪口なんて言ってなかったじゃん。変だろ？

ボンクラどもが牛乳で白くなった床をモップで拭きながら「クセェ！」などとふざけている姿を見て、私は突然気付いてしまいました。

恭子が泣きだす直前に、彼女はとてもソワソワしていて、落ち着きがなかったこと。シクシクと泣き出した時に、一瞬の沈黙の直後に妙な音と妙な臭いがしたこと。そして恭子が体を硬くさせてうつむき、手をスカートの上に置いていたこと。そして、その姿を向かいにいたオサムが凝視していたことを。

つまり、オサムはおしっこを漏らしてしまった恭子に気付き、とっさの判断で恭子に牛乳をぶっかけたことを。

牛乳をかけるという蛮行に及ぶことで、出来事は「オサムのアホな行動と狼藉《ろうぜき》ぶり」として展開します。そして真っ白な牛乳がスカートにかかったことで、恭子ちゃんの粗相《そそう》はそれによってカモフラージュされたのです。オサムは、好きな恭子の窮地を救うため、最悪の事態を避けるためにそれを考えたのでした。

私は、「自分なら粗相をした恭子をぼんやりと見ていただけだっただろう」と確信し、無力な自分に打ちのめされました。なぜならば、私も恭子ちゃんを好きだったからです。「オサムは恭子をいじめたんじゃない。救おうとしたんだ！」と説明したい気持ちもありました。しかしできません。なぜならば、そんな説明をしたら恭子が粗相をしたことがバレてしまうからです。

結局オサムは、以後しばらく「とんでもねぇ奴」だということになって、先生から「悪人」扱いされてしまいました。オサムは悪くない。恭子を守ったんだ。そう言えない自分の卑小さと、「こういう事情なので、おおっぴらにはできませんがオサムのことを許してやってください」と先生に口添えすることもできない未熟さに、情けない気持ちとなりました。

オサムくんは悪者とされましたが、「トイレに行きたい」と恥ずかしくて言えなかった少女が陥った苦境を、最悪の一歩手前で食い止めるという善をもたらしたのです。あのボンクラどもと先生は分かっていませんでしたが、自分は「そういうことがあるのだ」という、世界の複雑さについて知ることになりました。みんなの前で粗相をしてしまったという絶体絶命のピンチを、一歩手前で回避させる方法は、はたしてあれ以外にあったのだろうか？

悪を承知でやる以外に、善きことはもたらされなかったのではないでしょうか？　クリアな答えは、半世紀近くを経ても出てきません。

ウィリー・スタークは悪人か

ロバート・ロッセン監督の一九四九年の映画に『オール・ザ・キングスメン』という作品があります（二〇〇六年にリメイクもされました）。

アメリカのある郡の会計主任として働いていたウィリー・スタークは、工事入札で行なわれた不正を見逃すことができず、それを公表したために腐敗した郡の政治から排除され、仕事を失います。怒った彼は、政治とビジネスが結託して不正を行なう世界に戦いを挑むことに決めます。働きながら勉強をして弁護士資格を得て、政治家になる決心をしたのです。

スタークは政界の不正を暴くことで選挙を戦い、人々は彼の唱える正義を信じ支持し、ついに彼は知事の座に上り詰めます。そして、その力で貧しい人々を助けるための最新設備を備えた無料の病院を建設することに着手します。

しかし、知事になって権力を行使する中で、スタークは少しずつ悪に手を染めていきます。時に汚いカネをつかみ、時に誰かを恫喝《どうかつ》し、つねに危ない橋を渡り、自ら不正を働く政治家になっていくのでした。「権力は腐敗する。絶対権力は、絶対に腐敗する」という鉄則通りの変わりぶりです。

いかにも政治家然となったウィリー・スタークに自分の懐刀となっていた元一匹狼の新聞記者ジャックの父が問いかけます。

ジャックの父「知事。（君が言う）善とは何から生まれるのかね？」

スターク「悪からですよ。それ以外からは善は作れんのです」

ジャックの父「一つ尋ねたいのは、君が言うように、まず悪しかなく、善は悪から作られねばならないとすれば、善がどんなものなのか、いったいどうして分かるのかね？　つまり善悪の決定は誰がするのか？　君か？」
スターク「やっていきながら作り上げるだけですよ。そして進みながら罪を償うんです」

ジャックの父は「善は悪からしか作れないというけれども、悪が本当に善に変わったことを誰が知ることができるのか。悪に手を染めた者に、それが分かるのか。いったん悪の世界に入ったら永久に悪から逃れられないのではないか」と問いかけます。しかし、スタークは「そんなことをくよくよ考えていたんじゃ政治家にはなれませんよ」とうそぶくのです。

汚いカネを綺麗に使う

この時の彼の気持ちをさらに敷衍《ふえん》して解説すれば、こうなるでしょう。

「街の人々は選挙の時に、みんな俺の言うことを、目を輝かせて聞いていた。貧しい人たちが安心して来られる病院を作る。これは彼らを幸せにすることだ。善行だ。そしてそれを実現するのが政治だ。そのためなら、きれいごとばかりは言っていられない。無料の病院を作るにはカネが要る。そのカネは黙って手を合わせても天から降ってくるもんじゃない。作り出さなきゃならない。俺はそれをやっている。それを悪《あ》しざまに言う奴もいる。『あいつは悪党だ。悪いことをして得たカネで、はたして人々は本当に幸福になるのか』って。

だからそういう奴にはこう言うのさ。『それなら、お前さんたちは本当の善を知っているのか。本当の悪とはどんなものかを知っているのか。俺は本当の悪を知っている。だからこそ本当の善とは何かも知っている。善は悪からしか生まれない。悪を恐れていたら善は生まれない。進まず、戻らず、ただ立ち止まっているなら、そっちの方が悪だ。カネは汚く集め、綺麗に使う。それが善なのさ』と」

善と悪という二分法にもし意味があるとするならば、それは「理想（善）なくしては世界は変えられない」と「現実（悪）と向き合わなくては世界は変わらない」という二つの厄介《やっかい》な連立方程式を設定するための前提になるということです。

どちらが正しいのかを問うのではなく、そこでどういう解に落とし込むのがよいのかを考え、実行するのが政治なのだと、ウィリー・スタークは映画の中で言っているような気がするのです（ただし、映画ではウィリー・スタークは悲劇的な結末を迎えます）。

田中角栄の直面したもの

ウィリー・スタークは、実は日本にもいました。それは田中角栄《たなかかくえい》です。

田中角栄は一九七二年（昭和四十七年）の夏に、壮絶なる自民党総裁選挙を制して内閣総理大臣になり、以後病気で倒れる八〇年代末まで永田町《ながたちょう》に陰陽様々な影響力を持ち続けました。

しかし、その間、彼がつねに圧倒的な大衆の支持を得ていたかというと、それは違います。

たしかに総理就任直後は「今太閤《いまたいこう》」と呼ばれ、絶大な人気を誇っていた角栄ですが、その支持は長くは続きませんでした。

一九七四年に月刊誌に掲載された記事を契機に、彼は厳しい疑惑追及と批判にさらされ、総理の座を追われ、七六年にはかのロッキード事件に関与した疑いで逮捕され、金権政治家としてメディアや都市部の有権者から糾弾《きゅうだん》されました。当時の政治報道は、とにかく明けても暮れても田中角栄批判に終始し、多くの日本人に「田中角栄＝金権政治家」という評価とイメージが刷り込まれました。

しかし、田中角栄は本当に「巨悪」だったのでしょうか？　彼は最初から「悪徳政治家」だったのでしょうか？

終戦直後、田中が立った最初の総選挙でのキャッチフレーズは「若き血の叫び」でした。これは、長く続いたいわゆる「旦那衆」、「名望家《めいぼうか》」と呼ばれる、農村を牛耳《ぎゅうじ》る一部の特権階級に対する、地方の青年団たちによる反逆の狼煙《のろし》でした。そしてその主張は、経済成長の恩恵から取り残された地方への富の再分配という政策提言となりました。

雪に閉ざされ、病人を町の病院に連れて行くこともできず、出稼ぎに行くしかない故郷新潟の人々の雪への恨みは大変なものでした。それを打破するための方法として、角栄はあのダミ声でこのように新潟の農民に語りかけました。

「みなさぁーん！　水気を含んだ北風が山にぶつかるから新潟にはたくさんの雪が降るんです！　いっそのこと三国峠《みくにとうげ》を削ってしまって、北風が吹き抜けちまえばもう雪は降らないのであります！　削った土は、なぁに、埋め立てに使って、新潟と佐渡を陸続きにしちまえばいいんです！」

こうした日本の中央と地方の格差を解決する方策を後に集大成したものが「日本列島改造論」でした。

地方に多額の公共投資をして道路や橋を建設する。日本中の農村郊外地に新幹線を開通させる。そうすれば、それまでは太平洋側だけに偏《かたよ》っていた工業ベルト地帯を日本海側にも作ることができる。そうやって日本国内の不公平を是正する――この大ビジョンを実現するために必要なのは、盤石《ばんじゃく》な党内権力基盤でした。彼はそのために衆参両院における自民党議員の過半数を田中派で固めることが絶対必要だという結論に達したのです。

角栄の功罪

そのために必要なカネを、彼は必死で作りました。

ダミー企業を作って不透明な資金を作る。公共事業の計画を匂わせて、発注を受ける企業から御礼金を集めるなどという、贈収賄ギリギリのようなことです。何の準備もなく、理念とお説教だけで徒手空拳《としゅくうけん》の戦いをしても、雪国の人々を幸福にはできません。そこには、権力とそれを支えるカネが必要でした。

もちろん、彼がやったことはある種の「悪」です。

しかし、彼が清貧なる政治家のままでいたとしたら、はたして列島改造のような空前絶後の政策を実現できたでしょうか？　おそらくそれは無理でしょう。

すでに利権構造が確立している「先進地域」の政治家たちによって、彼のような地方政治家の声は圧殺されていたに違いありません。事実、そのために当時、「裏日本」と呼ばれた日本海側の地方経済は見捨てられたも同然でありました。彼のような政治家なくしては、旧来の利権構造を打破することは不可能だったに違いありません。

でも、私は田中角栄を手放しで褒《ほ》めません。彼は十分に悪だったからです。

前の章でも述べたように政治において、その目標を達するためには「仲間を集める」ことが大切です。たしかに、田中角栄は田中派という形で巨大な「仲間集団」を作ることに成功しました。だからこそ列島改造をまるでブルドーザーのような勢いで推し進めることができたわけですが、しかし、彼は仲間を作るにあたって「カネ」の力に頼りました。頼りすぎました。

元来、政治においては、「尊敬」「徳」「知性」「言語」「技能」なども、富や金銭と並んで資源となりえます。もちろん暴力という反社会的な資源もあります（H・D・ラスウェル

『権力と人間』、東京創元社)。

資源としての金銭があまりに突出することで失われるのが「言語」の力です。政治を行なうには我々を取り巻く状況を示して、これから行なうべきアクションを「言葉で説明し、説得する」という不動の前提があります。これは政治家に求められる、最も重要な能力です。

なぜ都会の住民は角栄を嫌ったか

もちろん雄弁家で知られる田中角栄は、豊かな言葉で北国の人々に現実と未来を語りました。三国峠の話もその中の一つです。

しかし、田中は、列島改造の負担を強《し》いられる都市の住民たちを言葉で友人にすることができませんでした。いや、その努力を怠ったのです。実際、角栄政治は圧倒的多数の都市住民からは、「我々の税金を自分の地元にばかり落として蓄財し、金権政治を以《もっ》て日本を堕落させた」と受け止められました。

ですから、あの「田中叩き」はけっしてメディアが扇動した狂気だったのだと片付けるわけにはいきません。「本当に今の日本にとって必要なのは、北国だけでなく経済成長の余得をすでに受け取っている都市住民の負担に報いることも含めてあるのだ」という説得を怠ったがゆえの反動、しっぺ返しがそこにはあったのでした。

今日どれだけの角栄礼賛本が売れようと、「角さんには情があったよなぁ」と中高年が遠い目で思い出話をしようと、田中角栄が日本の政治にもたらした負の遺産を、ないことにはできないと私は思います。

善と悪の間から何を読むのか

しかしながら、はたして田中角栄は「悪徳政治家」であったと決めつけることはできるかと言えば、そんな単純な話ではありません。

彼には善なる動機があって、悪しき手段を用いて、善をもたらしたとも言えますし、かりに善なる動機があったとしても、汚い手口で身内の建設業者にカネをもたらしただけに過ぎないとも言えるでしょう。あるいは、そのいずれでもない「かも」しれません。

しかし、彼が善人であるのか、悪人であるのかを投票で決めたところで、それによって私たちの「今」がよくなるというものではありません。そんなことを決めるよりも重要なのは、ああいう時代状況、ああいう人々に囲まれていた田中角栄の立場に、もし自分が同じように置かれていたら、自分はどうしただろうということを考えねばいけないと思うのです。

考えて、考え抜いて、また考え、田中角栄が抱えていた苦悩や直面した困難をリアルに想像した上で、自分ならばこういう決断をしただろうという想像を経た上で、田中角栄の「善と悪」をジャッジしない限り、私たちは「清貧なる政治家こそが、正義である」という、子どもじみた思考停止と無責任に陥ってしまうと思うのです。


たしかに、清貧なることは素晴らしい。そして、なかなか真似できないことです。そのような生き方をしている人たちを前にすると、私たちの背筋は自然としゃんと伸びます。しかし、その清さがはたして他の人々をも幸福にする力があるかはまた別の問題です。

あの人は立派だ。平和運動に人生を懸けている。頭が下がる思いだ。どれだけ世論や人々の気持ちの潮流、時代的要請が変わろうと、本人は変わることなく今日も正しいと信じて、駅前で手弁当の署名活動をしている。誰からも助けをもらわず、自腹を切ってビラを刷り、今日も平和活動に邁進《まいしん》している。とても私には真似ができることではない。

私たちは角栄を裁けるのか

しかし、本当に大事なのは誰からの助けも得ずに運動することではなくて、その運動の目的を少しでも達成することができているかです。それをすることによって「今よりも少しでも平和な世界が近づいたか」ということこそが本当に重要なことではないでしょうか。

雪に閉ざされた北国の人々の、家族を故郷に置いて、大都会の危険な土木工事に出稼ぎにいくような苦労や悲しみを、少しでも小さくする方法を田中角栄は考えました。

「……そのためにはまずこれが必要で、これのためにはこういう準備がなければならず、そのためにはこういう条件が不可欠だ。でも、それは自分が正面から行ってもかならず失敗するから、それなりの人に頼むしかない。でも、そのためには、手ぶらでお願いするわけにはいかない。お土産《みやげ》をつけねばならない。その時に、何が必要なのか？　相手を動かすに最も効果的なものは何だろうか？」

そうやって考え抜いたあげくに思いついた「新潟・信濃川《しなのがわ》河川敷の土地を、幽霊企業の売買を通して上手に税金を回避して処分し、そこから得たカネで、自分の手足となって働いてくれる子分の政治家の苦しい選挙資金の助けにする」というアイデアを、私たちはどう評価するべきでしょうか？

選挙終盤の一番カネがキツい時に「国会で会おう」と、秘書を通じて角栄から手渡された一〇〇〇万円の札束二つを胸に抱いて、角栄の子分たちは男泣きしたそうです。そして、この人のために俺は命を懸け、どこまでもついて行こうと思ったそうです。

親分が目指すものを実現させるためならと、子分の政治家の気持ちが多数集まった結果、角栄は地元の人に豊かさの扉を開いたのかもしれません（その後、角栄を裏切って別の親分についた者もたくさんいました。政治とは非情なるものです）。

こんな田中角栄のエピソードにシンパシーを感じるとは、私はもうすっかりヤキが回った中年なのでしょうか？　浪花節の好きな、ただのオヤジなのでしょうか。

でも、私は「政治をやる」ということについて、善と悪とを簡単に二分するのではなく、こんな風に自分を宙ぶらりんにして考えることで、話を進めて行こうと思うのです。

第三章
なぜ「支持政党なし」ではダメなのか

クソ真面目な友人たち

政治に関わっていると、本当にたくさんの切ない場面に出くわします。その多くには、政治的判断や決断をする時の人間の苦しむ姿があります。

あれは二〇一六年のことでしょうか、当時の民進党の地区支部長をやっている友人が私に「サポーターになってくれる人を紹介してほしい」と頼んできました。

政党助成金や一部の人々からの献金だけでは政党（とりわけ野党）の運営は大変です。そこで、数千円程度の献金でなれるサポーターを募ることで、広く浅く政治資金を集め、それと同時に地域に密着した組織作りをしようという試みが行なわれているのです。

私はこのサポーター制度を悪くないと思っています。

Facebook や Twitter で自分の支持政党や政治家に対して悪口や批判を書いている暇があったら、さっさとサポーターとなればいいのであって、そうすれば代表選挙にコミットできます。投票を通じて「このまんまじゃ次の選挙も負けるぞ！」とメッセージを送った方がよいのです。サポーター登録なんて、年間にわずか二〇〇〇円程度で、焼き鳥屋で一杯やるのと変わりません。

だから「ノルマがあって、結構キツいっす。何とかご協力を！」と頼まれれば、脈ありと思える友人一〇〇人くらいに一斉メールを出して「賛同してくれるなら連絡ください」と頼みます。そして、最後に付け加えます。

「ええ、その、これはしょせん『政治』なんで、その気がなければ普通に『いや、無理だわ岡田。最近保守化著しい俺だから』とか言って断わってください。後腐《あとくさ》れとかしこりとかありませんから。だって本にも書いているぐらいですからね。『ええ、政治ですが、それが何か？』（明石書店）ってね」

でも、こんな風に「気にしなくていいよ。断わってもいいよ。だって政治だろ？」と言えるようになったのは、実はそんなに昔ではありません。正直に告白すれば、昔の私は選挙のたびに支持政党を変えるような、政治的な判断をコロコロ変更するような人間を、心の底から軽蔑していたのです。

しかし、長年にわたって「負け続ける政治」を経験する中で徐々に考えが変わってきました。頻繁に合流、分派、解体、旗揚げ、改称を繰り返す野党のどれを支持するかについて「筋」やら「大義」を掲げることにあまり意味がないということを知ったからです。あくまでも政治は結果です。支持政党を変えるということ自体に、決定的な重要性はないと思い至ったのでした。

ですから、なおさら「ま、政治だからさ、サポーターになるかどうかは軽い気持ちで返事してよ」と言われた側の戸惑《とまど》いもまた、よく分かるのです。そこにはかつての自分の姿があります。

実際、この私の「お願いメール」に対して、「やや」タイミングを遅らせて、かつ文面から判断すると、本当に「意を決して」返事をしてくる友人が少なからずいます。

「岡田さん。民進党のサポーターのお話ですが、メール読んでから三日ぐらい考えに考えました。でも、今回はお断わりしようと決心しました。ごめんなさい！本当に苦しい決断でした。私も与党が強すぎちゃ民主主義が壊れちゃうと思うし、現政権のデタラメぶりも許せないです。でも、気を悪くしたらごめんなさい！　民進党のサポーターにだけはなれません。だって民進党は『やります、やります』って民主党の時に政権取って、結局ダメだったじゃないですか？　政治をちゃんと変えてくれるって思ってたから、やっぱり裏切られた気持ちがあります。自分の気持ちに嘘はつけないんです！　これで岡田さんに関係を切られたらどうしようとか、そういうことも考えました。でも、最後は自分の気持ちに正直に判断しました。ご理解ください」

……す、すまん。そ、そ、そんなに苦しんだのか。

よくよく思い出してみれば、いくら政治状況が変わったからと言って、かつての自分だって、熱心に支持していた政党とは異なるトーンの主張をする政党を、そんなに軽く切り替えて応援できたとは思えません。そして自分も同じように言ったでしょう。「無理だ。やっぱり自分の気持ちには嘘はつけん」て。

しかし、かつてはそんな男だったからこそ「その気持ちは分かる。でも、本当にこの件は、身悶《みもだ》えするような苦悩をしないと結論が出ないことなのか」と、尋ねたい気持ちがあるのです。

だって、今の日本に存在する国政レベルの政党は数が限られているわけだし、少なくともその中には「日本を転覆させよう」とか「某国とただちに戦争を始めるべき」などと言っている政党があるわけではありません（最近は、やや怪しいですが）。

少ない選択肢かもしれないけれども、その中でも「まあまあ、マシかな」と思える政党はきっとあるはずだし、その政党に気に入らないところがあればこそ、サポーターになって文句を言うことは意味があるはずです。それに一度サポーターになれば、一生、その政党のサポーターにならなきゃいけないという義務があるわけでもありません。その程度の「決断」に過ぎないのに、夜も寝られないほど悩む必要があるのでしょうか。

実際、私について言えば、区や市町村の議員選挙では、自分の支持政党に縛られずに、複数の候補者にカネも支持も送り込みます。善良さという人格と、専門としている政策次第では、国政レベルでは支持できない政党に所属している人でも、地域ならば応援します。そういう判断もありだと考えます。

そういう自分を私はけっして「不純」だとか、「いい加減」だとは思いません。なぜなら政治はやはり自分の望む社会を作ったり、問題解決をするためのものだし、それに近づけるために役に立つなら、どの党の所属だろうと支持して上手に使い回せばいいと思うからです。

本当に投票する人がいないのか?

苦しむ友人の姿は、選挙の時にも見受けられます。

衆議院の小選挙区というのは、当選者一人ですから野党が分裂すればもう投票前に勝負がついてしまいます。だから二〇一七年十月の総選挙の際、野党第一党だった民進党が散り散りとなった時、その支持者だった友人は苦悩のトンネルに入ってしまい、悲痛な声で相談をしてきました。相談することなど何もないのに。

友人「岡田、今度という今度はもう投票先がない。無理だ」
私「じゃ、棄権すんのか?」
友人「ダメか?」
私「棄権したら法律に触れるわけじゃないけど、そうなると喜ぶぞ」
友人「誰が?」
私「与党がさ」

ちなみに彼は、野党のシンパだからと言って与党を親の仇《かたき》と思っているほどでもない、善良なるオフィスワーカーです。しかし、「今度だけは無理」なんだそうです。野党分裂騒動がなければ、彼の選挙区には自民党現職と結構ガチンコ勝負ができる強い民進党候補がいたのですが、それが分裂騒動の結果、希望の党の候補者に替わってしまったのです。「いいじゃないか？　看板ぐらい替わったって。人間が変わったわけじゃないんだし」と言うと、「ダメだよ。あいつは新党の差し出した〝踏み絵〟を踏んで、筋を曲げて降参しちまったんだよ。あんな有権者をナメた新党なんかに投票できない。でも今さら自民党に投票できるかい。なら共産党に入れるかと言えば、基礎票から言って当選する可能性はほとんどない」と苦しい胸の内を明かします。

私は、選挙公示前にすでに朝日新聞に「鼻をつまんで、よりましな地獄に投票しよう」ってコメントを出していたほどですから、「今度だけは」という彼の気持ちは率直に言って理解できません。彼のような棄権者が増えれば増えるほど、連立与党が持っている組織票の比率が上昇し、自動的に与党候補の当選確率を上げ、現政権の延命に直接手を貸すことになるのですから。

友人「そりゃ棄権すりゃ与党は大喜びだろうよ。野党は分散、浮動票は冬眠票となって万々歳だ」
私「いいのか？　ひどいことになるぞ。それでも棄権か？」
友人「だって、あんな新党だぞ？　これまで言ってきた政策をほっぽらかしてグダグダじゃないか。やっぱり自分の心に嘘はつけん。俺の気持ちが済まない」
私「気持ち？　お前の気持ち？　……そんなもんどうでもいいだろう？」
友人「どうでもよくねぇよ。自分の気持ちに不誠実になるわけにはいかん。これは政治の基本だろ？」
私「……」

彼は彼なりに真面目に政治を考えている市民ですし、二〇一二年に民主党が地滑り的に敗北した後も、千万の文句や不平や失望の言葉を発しながらも、「民主政治のためには野党をゼロにしちまうわけにはいかんだろ？」と、現政権が復活した後も、それこそ色々な「気持ち」を抱えたまま、ギリギリのところで民主党に投票してきたのも知っています。

ですから、ここへ来て、その民主党が民進党となり、ついには分裂して、これまでとは変わって急に「与党との連携も視野に入れている」などと言い出した希望の党に移った候補者をとうてい支持することはできないという彼の「気持ち」も分からないではありません。いや、人間の情としてはむしろそれが当然というものかもしれません。

しかし、そうした彼の心情、そして私と彼との長い友情の歴史を踏まえてもなお、私はこう言わざるを得ませんでした。それは昔の私自身に向かって放った言葉でもあります。

「お前の『気持ち』なんて、どうでもいいんだよ」

気持ちと政治のマッチング

そもそも人は相当な部分、「気持ち」で生きています。人間というのは「気持ち」の生き物です。

たとえば、そんなことをしなくてもすぐには日本が滅びたり、地球が破滅するわけでもないのに、自分の時間を削って、手弁当で地元の政治家の応援をしたりします。これもまた「気持ち」のなせるわざです。

地域の生活圏の選挙で、「頼むよ」なんて町会長さんに言われたら、候補者個人に対する「気持ち」など大してなくても、まぁ普段から色々お世話になっているという「気持ち」があるものですから、その人がどこの党の候補なんてあまり気にすることもなく、スーパーに買い物に行く途中にひょいっと小学校の体育館で投票をします。

ましてや選挙に出た人が小学校の同窓生で、そいつの実家が同じ町内で商売をしていて、そいつの親父さんには何くれとなく世話になっていたり、昔、そいつの姉さんのことがちょっと好きだったんだよなぁという「気持ち」があったりすると、なおさら真面目に選挙の応援をするものです。ビラを配ったり、地元の友だちの住所リストなんかを選挙事務所に持って行ったりもします。

しかも、そいつのオフクロさんが病気でもう長くないらしいよなんて聞いたら、何とか万歳をおっかさんに見せてやりてぇなぁ、なんて「気持ち」になり、最終日には泣きながらビラを配っていたりします。

これが「気持ち」だけじゃなくて、政策や理想まで共有している候補者となったら、これはもう相思相愛の幸福な関係です。「こいつは本当に同じ志を持った、同じ理想を共有した、どうしてもこの世の政治に必要な奴だ。こいつを本気で応援している自分は、勝っても負けても幸福な人間だ」と思ったりします。

「気持ちに正直」がもたらすもの

このように、色々な「気持ち」からさらりと動く人も、我が友人のように悩んだ末に「気持ち」を優先しようとする人もいます。しかし、世の中全体を見回せば選挙に対して「気持ち」で動く人は少数派だと言えます。そもそも半数以上の人は投票所にすら行かないのです。

選挙に行かなかった人の多くは「だって『これは!』っていう人がいなかったんだもん」と答えます。

その答え方は、バーゲンに勇《いさ》んで出かけて行った人が、ほぼ手ぶらで帰宅した時に言う台詞と似ています。

「なんだかピンと来るものがぜんぜんなかったから何も買わないで帰ってきちゃった。ダメね、最近あそこのデパート」

しかし、政治的選択とショッピングとは、まったく違います。そう。まったくです。

自分の趣味に合うような商品が売っていなかった、あるいは欲しいものはあったけれども値段が折り合わなくて買わずに帰ってきた。セールで何も買わずに帰ってきても、あなたの世界は変わるわけではありません。

しかし、「どの人を選んでいいか分からなかった」、「これだという候補者がいなかった」という理由で投票所に行かなかったとすれば、そのことはあなた自身の暮らしに直接関係してきます。つまり「選ばなかったこと」によって、自動的に「選ぶのをやめてもらうと ものすごく助かる」という陣営を大喜びさせることになるのです。

これは政治の持つ実に無慈悲な、そしてほとんどの人たちに知られていない法則です。

近代の政治とは、伝統や暴力によってなされるのではなく、原則、合意に基づく決め事として表現されます。これを政治学の言葉で言えば「政治権力の正当性の根拠」です。

人はなぜ、かならずしも自分の意に添うわけでもない決定に従うのかと言えば、それはその前に「合意したからだ」という暗黙の前提があるからです。

民主的議会政治では、議会に選ばれたメンバー（議員）が合議して、特別過半数にしたり、単純過半数にしたりとルールを決めて、「フィクションとしての合意」（＝全員一致ではないにしても、おおよそこれが我々全体の合意だとしておこう）を作り上げます。一度決まったことだから、つべこべ言わずに守ろうという話になるわけです。

で、この議会での合意が有効となる大前提となっているのは、言うまでもなく選挙です。国民が投票をした結果、選ばれた代表たちが集まって議会を構成しているのだから、その議会での決議にはみなが従わなければいけないという理屈がそこにあります。

つまり、議会とは「選挙で実際に投票した人たち」によって動かされているわけで、そこには「政治や選挙には興味があったけれども、実際には投票しなかった」という人たちの気持ちが入る余地はありません。むしろ、その人たちが選挙に行かなかったことによって、「何があっても投票する」という人たちをたくさん集めることに成功した陣営を利することになります。

いわば一種の「家業」として長年にわたって丁寧に選挙区を維持している世襲議員や、宗教団体を支持のコアにしている政党が、「できれば国民の皆さんには選挙に来ないでいただきたい」という本音を隠然と持っているのは、こういう理由です。一人でも多くの有権者が家で寝ていてくれれば、それは自動的に自分たちの応援になるからです。

なんという理不尽な原理でしょうか。自分の気持ちに嘘をつかず、「どうしても生理的に受け付けられない、どうしても信条として賛同できない、そういう者を応援はできない」と正直に、純粋に考えた結果、「胸を張って棄権するのが一番気持ちに添う」と決心したことで、よりによって「一番落選させたい候補」の勝利に貢献してしまっているからです。まるで詐欺のようです。

なかなか納得がいかない気もしますが、これは不動の、不変の、しかし相当数の人々に共有認識されていない、とてつもなく重要な政治の原則です。

タトゥーとしての支持政党

真面目な友人や、ショッピングと政治を混同する、この「気持ちで判断する」という態度、つまりかつての自分に対する違和感の中身を考えた結果、ようやく一つのことに気付きました。

「みんな政治を〝タトゥー（刺青）〟だと思っている」のではないか？

我が友人やかつての自分に限らず、この世の少なからずの人々は、自分の気持ちに正直に、信念を持って支持するのが〝政治的支持というもの〟と決めてしまっていて、それは一度彫り込んでしまったら、二度と消すことができないタトゥーだと思い込んでいるのではないかということです。

彫り物を入れるというのは、かつては娑婆《しゃば》の親子の縁を切って、極道を歩む大決心がなければできないことでした（昨今、実にカジュアルに身体中にファッションとしてタトゥーを入れている若い人がいるので、その感覚のズレに戸惑いますが）。

柔軟な政治判断を迫られて三日三晩苦悶するのも、「一度、そういう不純なことをしたら、俺は（あたしは）もうダークサイドに堕ちてしまって、もう二度と真人間《ま》に戻れなくなるのだ」と思い込んでいるからなのでしょう。

私は以前、「ものすごい数の人を死なせてしまったあの戦争の反省もなく、またぞろ軍備を増強して、かつての軍隊をまた復活させようとしている人たちがたくさんいる政党」に投票することは、「戦死した身内の骨を汚すこと」だと思って、ひたすら「非武装中立」を唱える政党を支持していました。つまり、これは自民党と社会党のことです。

ところが、その社会党がかつての仇敵《きゅうてき》と組んで連立政権（自社さ連立政権。一九九四〜九八年）を作り、総理大臣（村山富市《むらやまとみいち》）を出した時、心身ともに眩暈《めまい》を起こしてしまいました。そして、こんな社会党を支持し続けるのは、自分自身を汚すことだと思ったのでした。言ってみれば、あの時、社会党を支持するのはタトゥーを入れるほど「取り返しのつかないこと」だと私には思われたのでした。

今になって振り返ってみれば、なんというナイーブ（素朴）なことかと思うのですが、この時の私は「支持政党なし」の人になってしまったわけです。

その時の体験を思い出して、今、つくづく思います。

選挙の際に「なんかいい人いないんだもぉん」と投票せずに帰ってきてしまう人たちだって、別に不真面目なわけではありません。「やっぱ政治や政策のこと、何にも分かってないのに、顔やポスターだけで投票先を決めちゃダメだよね」くらいの倫理は持っているわけだし、そもそも投票所に行かない人たちだって「下手に投票なんかしちゃったら、人生、マジで終わる」くらいの気持ちを持っているのかもしれません。つまり、それだけ選挙や投票を重大事と見ている証拠、とも言えるわけで、その点においては自社さ連立政権ができた時の私の心境と、彼らの心境はさほど違いがないとも言えるでしょう。

生活の場面ではとっくにできている私たち

不純な政治判断なんて、信条的にも心情的にもできないよと、己の純粋性を堅持しようとしたかつての私は、でも一つ忘れていることがあったのです。それは、政治以外のエリアではそれぐらいの汚れちまった行動や判断など毎日一〇回くらいやっているのだ、ということです。大人として仕事をしているならよくあることです。

たとえばオフィスワーカーだって同じです。

人事異動で新しい営業部長が来たことで、自分のいる課がややざわついているのは、うちの課長と同期のAさんがポーンと営業部長になったからで、要するに課長の機嫌がよろしくないためです。

ところがその新任部長になぜか自分は好かれてしまい、飲みに誘われます。その時、あなたはどう振る舞いますか？

会社世界の大勢と我が身の現状とに鑑《かんが》み、「今の課長に忠義立てすべきか？　それとも新部長に乗り換えるべきか？」を一瞬考えて、「いや、よく考えたら、そこまで大袈裟《おおげさ》な話じゃないし」と新部長の誘いに乗りましたよね。昔から世話になっている課長のことを考えると心が痛むけれども、浮世の義理と今後の渡世を考えて、「わざわざ損な立ち回りをする必要はない」とリアルに判断したじゃありませんか？

大人であるあなたは、この程度のチョイスは日々、無意識のうちに行なっているはずなのです。自分と家族の未来を守るためには、自分の「気持ち」なんて、さほどの重みもありません。

そんな実社会では、絶妙の現実判断を平気でしているのに、いざ政治になると急にできなくなってしまうわけです。まるでかつてのピューリタンのように「清廉潔白」であることを、自分に対しても他者に対しても求めてしまうのです。これはどうしてなのでしょう？

前にも少し触れましたが、私は子どもの通う小学校でＰＴＡの会長もやっていて、この

ＰＴＡの場でも「不純な意思決定」は日常茶飯事です。

学校の行事で「ゲームコーナー」の班長になるか、裏校門にずっと立って「今日は表門しか入れませんよ」と交通整理をする係になるか、それともお昼のカレー作りの班に入るかということは実に重要な選択です。

気持ちとしてはゲームコーナーが楽しそうだけど、準備とかで前の週から会合は多い。交通整理班は退屈そうだけど、お昼には帰れるからそこは楽。カレー係は大変そうに見えるけれども、人数もたくさんいるから作っちゃえばもう後は楽チン……。

結局、「学校の行事が終わったら、俺の実家まで行ってオフクロの介護頼むわ。俺、会社のゴルフ抜けられないんだよ」なんて、ネムいことを言っているバカ亭主のリクエストをスルーするために、顔を見るのも嫌な三組のヨシヒロくんママのいるカレー係に手を上げて「前から超やりたかったんですぅー!!」とか、心にもないことを平気で言い、「ごめん、カレー係、片付けとかもあるから夕方まで抜けられないわ」とバカ亭主のリクエストも封じ込められるといった具合に、自分の「気持ち」を封印して、実に見事な政治判断をしたじゃないですか！

私たちは、できるのです。というか、もうやっているのです。大人として。成熟した人間として。自分の気持ちに添うのではなく、「最悪の事態、最悪の状況を招かないために」、心にもないことを平然とやりこなせているのです。つまり、心の底では分かっているのです。

政治なんて、自分の「気持ち」など二の次なんだ、と。

新しい部長の誘いを受けてマゴマゴしたり、学校行事の係を決められないでウロウロしていたら結局損をするのは自分です。それと同じように、どこに投票するかを自分の「気持ち」に殉《じゅん》じて、決断できないでいたとしたら、やっぱり損をするのです。

現に私たちはこれまで四回の国政選挙で負けてきて、今の状況を迎えています。これもすべては私たちが純情にも「気持ち」を優先した結果——と言うのは、はたして言い過ぎでしょうか。私はそう思いません。

「安倍さんとかありえなくない？」とか「自民党ヲワタ」とか言うエネルギーがあるのなら、私たちは「彼らを負けさせる可能性が一番近い集団」を作ることを促して、そこにまとめて投票しないといけないのです。たとえ心に「妙にフィットしない部分」や「ざわざわした違和感」が少々混じっていてもです。

そこがまず私たちが「負けっぱなし」にならないための第一歩だと思うのです。

第四章　「議論のための議論」から卒業しよう

話し合いの役割と限界

東京では五輪開催を前にして、色々な問題が浮上してきました。急増する外国人観光客や地方からの宿泊希望者への対応という形で浮上した「民泊」問題もその一つです。既存のホテルや旅館では対応できない宿泊客に、マンションを一時貸ししてはどうかというのが「民泊」ですが、これについては議論百出の状態でした。

民泊を拒否する人は、「素性の明らかでない外国人にウロウロされたら、セキュリティ管理上問題だし、ゴミの出し方とかデタラメになる」と言います。

認めてもよいと言う人は、「区分所有者が自分の財産をどういう形で活用するかは自由。ヤクの売人みたいな人に貸すのは論外だが、ニーズがあるなら運用したほうが利用者、所有者双方にとって利益になる」と考えます。

某マンションの管理組合では何度も議論されてきましたが、どうにも結論が出ません。「もうそろそろ」とみんな痺《しび》れを切らしています。

理事長「そろそろ結論を出さねばなりませんね」

住人A「でも話が出たのが去年の暮れですから、まだ半年も経ってないし、やっぱりもう少し議論が必要じゃないですか？」

理事長「でも、これまでの皆さんのお話を聞いていると、民泊をやると資産価値が下がるってご心配な方の意見と、利益になるなら運用するのも悪くないというお考えと、結局は銭金の話に二分されておりますし」

住人A「もう少しママや子どもたちの教育目線というか、そういうことも議論が必要だと思うんですよねぇ」

理事長「では治安の問題とか、そういう議論を……」

住人B「あのね、このやりとりって前回も同じじゃなかったですか。もう結論を出すべきだと思いますがね」

住人A「ん？　つまり採決ですか？　そりゃ強引だ。それじゃ、しこりが残りますよ」

住人Ｂ「じゃ、もう理事長一任ということにしたらどうですか」
住人Ａ「冗談じゃありませんよ、それじゃ民主主義じゃなくて、理事長独裁ですよ！」
住人Ｂ「それじゃ、いつまでやるんですか？　こんなこと。私だって忙しいんですよ」
住人Ａ「いいですか。議論を重ねて、重ねて、時間はかかりますけどね、そうやって丹念にやっていけば、かならず皆さんお互い分かり合えるんですよ。それが民主主義ってもんでしょ？」

ここでも「決められない政治」が展開中です。

「政治参加」という厄介な言葉

「国民の政治離れ」などと、この三十年以上ずっとマスコミは朝の挨拶のように書きますが、ネット空間を見回すと、政治に関する実に立派な知見に遭遇します。ＳＮＳやブログ、個人のホームページなどで開陳される、政治や経済に対して鋭い切り口で語る論考に、「これは素晴らしい」、「勉強になる」と感心することは少なくありません。

もちろん書物やマスメディアから情報を得ることも大事ですが、それ以外の様々なところで「政治の言葉」を知り、身につけることで、私たちは自分の孤立感や無力感を癒《いや》すことができます。自分と同じようなことを考え、憤《いきどお》っている人がいるということを知るのは、政治に参加するための第一歩として重要なことです。

デモクラシーは、伝統や武力、あるいは経済力を背景に君臨してきた一部の特権階級から権力を奪い取ってきた歴史の中から生まれました。

当初は王様、後には貴族、そしてブルジョアジーたちから権力を奪い取り、ついには「カネも時間もあまりないけど数だけはいて、この世を下支えしているのは俺たちだ」と自負する労働者たちにまで「主権」を拡大するという形で発展してきたのがデモクラシーです。つまり、政治参加の拡大こそが「民主化」です。

しかし、この「政治参加」という言葉が実に厄介です。

この言葉の中には、政治に参加する「権利を持つ」ということ、政治について「意見を持つ」ということ、そして政治を「する」ということ、そういう意味が多重に含まれています。これらをきちんと切り分けていないと、政治に参加する権利を持ち、政治について一家言を持ちながらも、それでいて権力の言いなりになってしまったり、政治に参加することを怠ったりするということになりがちです。

実際、ブルジョアジーから労働者へと政治参加の拡大が行なわれようとした時に、ブルジョアジーたちは「財産もなく、朝から晩まで働き詰めで、仕事が終われば安酒をあおって寝るだけの庶民連中に、どうして公共の問題を考える動機があるのか」と問い、だから「財産と教養がある我々が政治をやるべきだ」と言いました。簡単に言うと「貧乏人は政治に関わるな」ということでした。

このような葛藤《かっとう》を経ながらも、参政権の拡大が行なわれて、デモクラシーは一般大衆にまで広がることになったわけですが、現代の私たちは実際のところ、どのくらい政治に参加をしているのでしょうか。

現代の私たちは毎日それなりに忙しいですが、十九世紀イギリスの労働者たちとは違い、いちおう土日は休みだし、専門的知識はないけれども、日経新聞や朝日新聞もネットで読んで「日本の社会保障費は毎年一兆円ずつ増えている」くらいのことは知っています。かつてのイギリスの労働者のほとんどは読み書きができない人たちだったことを考えると、それは大きな進歩です。

そういう風に考えれば、現代の私たちは政治参加ということに関して、かなりのレベルに達しているということになるでしょう。参政権も獲得し、政治に関する知識や見識をそれなりに磨《みが》き、市井《しせい》やネット空間で政治的議論を友人や未知の人たちと交わしたりもしているわけで、十九世紀ロンドンの炭鉱労働者たちとは違います。

しかし、それだけで本当に私たちは「政治参加」をしていると言えるでしょうか。「政治をしている」と言えるでしょうか。

私は長い間、実は「政治をする」ということを、「政治に関して問題意識を持って考え続け、自分の信念を揺らぎなくすること」だと思い込んでいました。

つまり、もうすでに心の中で決めている予感や想いを、知識や情報を取り入れたりすることで「確信」に鍛え上げることこそ、政治をすることなのだと思っていたのです。しかしそれは政治の一部にすぎませんでした。なぜならばそこには「決める」ことと、「その後に起こることを覚悟する」という部分がまったく抜け落ちていたからです。

「エイヤッ」と物事を決めること

政治学者丸山眞男《まるやままさお》は、現代政治において人間が自分の態度を「決める」ということの意味を明晰《めいせき》に説明しています（丸山眞男「現代における態度決定」『政治の世界　他十篇』、岩波文庫、二〇一四年、四〇四～四〇六頁）。

専門的な語彙《ごい》と論理で書かれた丸山眞男の考えを私なりに書き改めてみると、以下のような話になります。

私たちは、世界を「見る」ことによって認識を作りますが、より正確に世界を捕まえるためには世界の色々な面を可能な限りとらえて、自分の事前の思い込みを取り除くことが必要です。でも世界を隅々まで完全に知り尽くすことはできませんから（それができる者を「神」と呼ぶのです）、そこでの作業はまったくキリがなく、「これはどうにもやれることに限界があるな」と認めなければなりません。

でもそういう限界があることを知った上で、ちょっとでも世界や現実を正確に分かろうと思って考え続けることが、昔から重要だとされてきました。

「簡単にはイエスとノーを出さない」（「まだ知るべきことがあるはずだ」と立ち止まる）ことこそが、広い世界を前にした知的人間の「良心」なのだと言われてきたのです。

中でも学問にいそしむ人たちにとっては、この謙虚さを失わないで、安易な決断を避けようとすることが「学者らしい態度」だとされてきました。

しかし、「政治をする」ということには、分かろうとするだけでなく、「行動する」ということがかならず含まれます。なぜならば、「政治をする」人間は、決断する、決定することからけっして逃げられないからです。

「まだ世界のことを知り尽くしていないかもしれない」といって、ぐずぐずと決断を後回しにしているのでは政治家とは言えません。時は人を待ってくれないのです。時間は、政治というものの性格を、その意味で大きく規定するものです。

ですから、政治家は時間の制約の中、ある段階で「エイヤッ」と物事を決めなくてはなりません。

そうした政治家の振る舞いは、学者から見れば「世界のことがちゃんと分かっていないのに、分からないまま選び取る」という、良心をどこかに置き忘れてきたような態度です（このことを、哲学者ゲーテは「行動者はつねに非良心的である」という言葉で表現しています）。

ここで丸山が言っているとおり、「政治をする」ことにはかならず「分からないままエイヤッと決めてしまう乱暴さ」が含まれています。それは誠実に世界に向き合い、世界を理解しようとしている人にとっては、実に非良心的な振る舞いに見えます。

たとえば、保育園の待機児童の問題に直面して、大規模な財政的出動をして、バカ高い東京二三区内の土地を買い取って、八〇〇平方メートルという建設条件をクリアして保育園を三つも建設する「決断」をしたとします。

でも、この「エイヤッ」とした決定で、本当に待機児童を減らせるかは、実は分からないのです。施設ができたことで、〝だったら私も働こう〟という保護者たちを増やして待機児童を倍増させる可能性だってあります。はたしてどうなるかは蓋を開けてみなければ分かりません。三月になるとたくさんの人たちが転入して来たりするからです。

だのに、自治体は保育園を三つ新設するという道を選び取ってしまいます。多額の税金を使うのに、「分からないのに決めちゃった」とは、なんというい加減な行動でしょうか！

でも、行動しなければ今度は「あんなに住民税を払っているのに、何で役所は待機児童問題に対して何もしないんだ！」と突き上げられ、その無策をなじられることでしょう。新聞には「待機児童放置は住民自治の機能不全である」などというタイトルの論考記事も載るでしょうし、ママたちに「ここは子育てしやすいって言うから引っ越してきたのに、家賃は高いし、保育園入れないし、ありえなくない？」みたいなことをSNSに書かれて炎上したら、目も当てられません。だから行動したのです。

政治家は決断しなければ文句を言われますが、決断すれば「杜撰《ずさん》だ」「拙速《せっそく》だ」と言われます。これこそが政治が持つ、切《せつ》ない宿命であるのです。

まな板に載せること、さばくこと

残念ですが、私たちの世界が抱えている問題の多くは、徹底的に議論したからといっても結論が出るものではありません。

なぜならば、結論を出すというのは「正解が分かっていないけれど、とりあえず決める」ということに他ならず、その不誠実さに多くの人たちは耐えられないからです。だから結論は出されず先送りにされます。

かりに多数決で決めるとしても、そこにはかならず反対派がいて、その人たちから「あれを決めたのはあいつらだ」と言われることになります。それで結果オーライならばいいですが、失敗した日には容赦ない糾弾と責任追及が待っているかもしれません。だから、みんな「どうする?」と顔を見合わせて、「継続審議」にしようとします。

それは政治の世界、ビジネスの世界に限った話ではありません。

PTAの会計担当者は、実体のないパパたちのサークルに対して、それまで毎年給付してきた三〇〇〇円の予算をカットすることを迫られますが、それがなかなか言い出せません。

そんな問題は、「実体がない以上、全額予算を削って今の子どもたちの活動のための予算に組み入れます。何かご不満があれば、次の総会でご意見を」と、メール一本書けば終了のはずです。

しかし、多くの人たちはこの決断がなかなかできないのです。

もし「勝手に予算削るな！　長年のＰＴＡへの貢献を何だと思ってるんだ！」なんてクレームをつけられたらもう「マジ死にたくなる」からです。

ＰＴＡ会長である私は「いいじゃん、そんなの。後でクレーム来たら、筋道立てて話して『すみませんけどご理解ください』って言えば」とアドバイスするのですが、「ＰＴＡ総会で炎上でもしたらどうしよう」なんて先回りして考えるものですから、「何かあったら、会長、責任取ってくださいよ」と私のところにあらかじめ相談しにくるというわけです。「いいよ。頭下げるなんてのはタダだし、それも会長の仕事の一つだもんな」と答える私です。

議論は何のためにやるのか

二〇〇九年に成立した民主党政権の内幕をつぶさに見てきたある閣僚の話を伝え聞いたことがあります。

民主党政権時代、一つの法案をどのように提出するかで、毎度のことのように党内での大議論になって、それが夜を徹しての会議になることも珍しくなかったそうです。

今日のように官邸の言いなりでなく、党内で熱い議論をしていること自体はよいことなのですが、問題は「論議は何のためにやるのか」という、その目的を理解していない議員が多かったことです。

学術的な議論とは違い、政治における議論とは「何が正しく、何が間違っているか」を決定するための討議ではありませんし、ましてや「相手をたたきのめし、完膚《かんぷ》なきまでに言い負かす」ためのディベート競技でもありません。論争に勝利することで、相手に政治的ダメージを与えるということは、議論における副産物のようなもので、それ自体は目的ではありません。

政治における議論の目的とは「お互いの分岐点を確認すること」であり、それと同時に「反対派の人たちに『この議論には意味があった』という気持ちを残してあげること」にあります。

議論の分岐点とは、みんなの考えがどこまで同じ道を歩み、どこから分かれてしまったのかを整理するということです。いわば議論の地図を作ることです。

たとえば、待機児童問題についての対策を議論するならば、「自分の子どもを保育園に入れたいのに、それができない家庭があるのは問題だよね」という意識がみんなで共有できているかどうかを確認することは大事なことです。「いや、そもそも、子どもを保育園に入れて働きに行くなんて、育児放棄でしょ」と思っている人がいたら、そこから話し合いをスタートしないと議論は支離滅裂《しりめつれつ》なものになってしまいます。

議論の結果、かりに全員が「待機児童はなくした方がいいよね」という合意ができたとしても、その次のステップとして「公的保育所を増設する」べきなのか、「増設するなんて悠長なことはできないから、無認可保育所までを視野に入れた政策を打ち出す」べきなのかで意見が分かれるとしたら、そこが分岐点です。この分岐点をどうやっても乗り越えられないのであれば、それこそ「エイヤッ」と意思決定をする必要が出てくるというわけです。

しかし、その意思決定をする時には、けっして数で押し切るのではなくて、少数派をも納得させるという工作が必要です。

数の上で負けた人たちに「我々の意に添わない結果になったけれども、言うべきことは言ったし、もし、今回の決断がうまく行かなかった時には自分たちの意見にスポットライトが当たる日も来る」と思ってもらえるような場を作ることが大事です。何度も言うように、政治とは仲間を作ること、集めることです。議論をすることによって、仲間を減らしていくのでは、何のために政治をしているのか分からないというものです。

その点において、私が感心したのは、二〇一四年に、台湾で立法院（議会）を占拠した学生たち（ひまわり学生運動）が最後にバリケードを解く際に、そのリーダーたちが全学生と話をし、議論をしてから決断したという事実です。

このまま占拠を続けようとした学生たちは自分たちの意見を述べる機会を与えられたことで、「退去という結論は受け容れがたいが、リーダーは我々の話を聞いてくれた。このことは忘れない」と述べ、静かに議場を後にしました。この時、リーダーとメンバーの議論は「どちらが正しいか」といった優劣を決めるものでなく、議論を通じて結束を固めるために行なわれたのでした。「我々の運動は撤退することになったけれども、しかし、立派な意義があったし、それなりの成果を残すことができた」と相互に確認するための議論であったというわけです。

不毛な議論に終始した民主党政権

ところが二〇〇九年に成立した日本の民主党政権では、歳も若く、政治の修羅場を経験していない「学歴優等生」がたくさんいて、議論の意味をはき違えた人たちが多かったそうです。これは実に悲しむべきことでした。彼らは「時間をかけて討議すれば、かならず正論が通るはずなのだから、少しも妥協することなく持論を述べるべきだ」という信念で、朝まで延々と不毛な議論を続けていたそうです。

政治の場数を踏み、たくさんの意見を取りまとめ、速やかな決定ができるように多くの汗をかいたことのある自治体の首長経験者などは、その光景を見て呆《あき》れたはずです。あるいは政局において裏に表に躍動し、泥をかぶり、人に恨まれという道を歩んできたベテランや叩き上げの議員からすれば、「議論の優劣が簡単につかない、結論が出ないような問題だから国政の場に現われてきてるんだよ。だから、どっちが正しいかじゃなくて、とりあえず決断した後のことまで予想した上で、ギリギリの着地点を設定することが政治なんだよ」と言いたくなったでしょう。

政治の決断においては、誰もがいくぶんかの不満を持っているものです。しかし、いったん決定した以上は、その結果を政治家は全身で受け止めねばなりません。「行く末を完全に予見できない」ことを承知で、「今、この時においてはこれが最善の決断なのです!」と千万の言葉で説明せねばなりません。しかし、あの時の若い政治家たちはそれができませんでした。つまり、ちゃんと政治をしていなかったのです。

民主党政権の来《こ》し方《かた》について、色々な角度から語られていますが、こうしたところからして民主党の蹉跌《さてつ》は始まっていたのではないかと私は思っております。

言うことをきかせる側の覚悟

政治に参加するということは、つまり政治が抱える様々な問題に対して、自分なりの意見を持つだけでなく、その上で「とりあえず」の決断をするプロセスに加わるということに他なりません。

それは前に述べた「どこの党に投票するか」という問題にも通じることです。

政治においては、誰が見ても最善の手、これしかないという究極の一手というのはほとんど存在しません。それがあれば、そもそも政治的な格闘にならないからです。

ですから「政治をする」ということは、今の世の中の問題は要するにこれこれこういうことだと「腰だめ」で決めた上で、「エイヤッ」と蛮勇をふるって決断をするということです。その決断に対して、周囲からは野次と怒号、怨嗟《えんさ》と嫉妬の光線を受けることになるのは避けられません。

それがイヤだから人は「決められない」、あるいは「決めたのは決めたけど、責任は取れない」と逃げ腰になるのです。しかし、自分が決断しなければ、誰かが代わりに決断することになり、その決断を渋々受け止めるしかなくなります。

誤解してはならないのは、「賢明な判断を下せるのが大人」なのではないことです。採用した判断が本当に正しいのか、人々の幸福な生活や人生に貢献するのか、それは最後まで分からないのです。分からないにもかかわらず、決断をするのが政治というものだと思います。

それは時として、苦悩を伴いますし、場合によっては他者を切り捨てるようなことも起こります。これもまた政治の持つ非情な特質です。

しかしながら、そうであるからこそ、我々は我々を結びつけるものとしての議論をしなければならないのです。その面倒臭さから逃げて、相手を黙らせる、最後に自分が一言モノを言って終わりにさせることを目的に議論などしていたら、私たちはいつまで経っても「味方を増やす」ことはできず、「あいつの言うことは正しいんだろうが、絶対に一緒に政治なんてやらねぇよ」と相手の心を閉ざさせてしまいます。

その分かれ目はひじょうに重要だと、ここで私は強調したいと思います。

第五章 すべての政治は失敗する

何かを選べば、何かを失う

政治を憂《うれ》え、問題意識を持てば持つだけ陥りがちなのは、個々の政治家や自分の支持政党に対して、物事が一段落してから「あの時はもっと上手なやり方があった。自分にはそれが見えていたのに、連中はそれが分かってなかった」とボロクソに批判するというパターンです。

そして「あんなバカだと分かっていたら、最初から応援しなければよかった」と勝手に失望し、勝手に絶望する。Twitter や Facebook にはそうした怨嗟の声が満ち満ちています。

実のところ、こうした「後知恵による批判」は私自身の悪い癖でもありました。いや、正直言えば、今でも時々やってしまいます。「一寸先は闇」の政治状況の中で精一杯の選択をし、決断をした人たちに、安全圏から石を投げる。要するに、すべてを人のせいにする――長年、私はこれを延々と続けてきたのでしょう。

なぜ、そういう風な思考パターンに陥りがちだったかといえば、「正解は一つしかない」と考えていたからです。その「正しいこと」を選び取らなかったから、失敗したのだと神のような目線で責め立てる――でも、前の章で触れたことにもつながりますが、本当は世の中に「正解」なんてありません。いや、ことによると正解があるのかもしれませんが、それを人々が納得しなければ政治においては意味がありません。

すべての問題にはいくつもの選択肢があり、それにはそれぞれの欠点や問題点がある。何かを選べば、失うものもあります。実社会では当たり前のことです。セカンド・ベスト、サード・ベストをやむなく選ぶのです。

でも、こと政治の話、とりわけ「自分以外の人」がやる政治となると、思考が硬直化してしまいます。「絶対にこれをやるべき」「答えはこれしかない」と決めつけて、それが行なわれないと盛大にがっかりして、テレビやパソコン画面に向かって「こいつは何にも分かってない！」と罵《ののし》るのです。「前から嫌な予感がしていたんだ」などと後付けもしたりして。

これはストレス発散なのだとすれば、別によいのですが、政治をするということなら、実に何も産み出さないやり方です。この本の言い方で言えば、そんな発想では「仲間は増やせません」。何かを決めるたびに、後から悪口雑言《あっこうぞうごん》のたぐいを投げつけられるのが分かっていたら、とても一緒にやっていられないと思うのが普通です。「ああ、あの人たちはもう勘弁」です。

私は、自分にこういう悪癖から少しでも脱却しないといけないと言い聞かせています。ここに陥る私に、いったい何が足りないのか、それを考えてみたいのです。

あの時、彼らは何を選んだか

政治とは要するに「選択」です。

政治とは何なのかと問われた時、ある人は「私欲を満たそうと他者を利用すること」と考えますし、また別の人は「政府の人がやる法律の整備」と乾いた反応を返します。またある場合には、逆に「私心を捨てて、すべてを人々に尽くす人間の善行」とされることもあります。

権力の階段を飽くなき野心を以て駆け上がろうとする人間、粛々と体系的な法に則《のっと》ってルーティーンをこなす人間、そして悪しき事態に直面した時、警鐘を鳴らして人々を勇気付ける人間、政治に対するイメージは様々ですが、そこに共通しているのは、「自分の価値観に基づいて世界を眺め、好ましき現実を選び取ろうとすること」でしょう。

政治とは「私は『私たちの世界はこうあるべきだ』と思っています」というメッセージを他者に伝えるとともに、その「あるべき世界」に向かって何かを選択することです。

単に理想を掲げただけでは世界は変わらないから、何かアクションを起こさないといけない。でも、やることは山のようにあるのだから、まずはそこから何か一つを選び取って、それを実行する。そこから「あるべき世界」への道筋が始まります。

ですから、政治においては「私は今のところ、理想に向かって、こういうことを選択しようとしています」と人々に懸命に伝えることが肝要です。


二〇一七年の総選挙において安倍総理は解散をして信を問うという「選択」をしました。小池《こいけ》都知事は、新党（希望の党）を立ち上げ、政権選択選挙の体《てい》を作ると「選択」して、民進党の解党的吸収を目論《もくろ》みました。受けた前原《まえはら》民進党代表は、自党が党勢回復の決定打を見出せないまま静かに瓦解していくことをよしとせず、他党への丸ごと移行を呼びかけるという「選択」をしたわけです。

これらの選択と判断が、どういう政治的な結果となるのかは、当然ですがその時点では分かりません。ですから、その選択に対しては様々な批判や評価が投げつけられます。

北朝鮮の脅威を煽ることで、いわゆる森友・加計学園問題で受けたダメージをやや回復させた総理は、ここぞとばかりに、解散に打って出ました。その選択は、わずか一ヶ月前に内閣を改造したばかりであり、かつ憲法によって決められた議会開催規定を無視したものでしたから、その選択は当然批判を浴びました。

小池都知事は、野党第一党を併呑《へいどん》して、新たな政治権力の「極」を作り、自らその党首となって壮大な政治ゲームの主役に躍り出ようと選択しましたが、民進党のメンバーを部分的に「排除する」という、血も涙もない言葉で切りつけたことで、また当の本人が知事を辞めて再度国政の場に舞い降りるという決断をしなかったことで、有権者の熱情を一気に冷却させてしまいました。

前原代表は、民進党のままで総選挙に臨むにはあまりに支持率が低いと考え、このまま首相にしかけられた勝負に何もせずに挑めば、大敗が確実であると判断して、新党との合流という突風に自らをさらしました。自分の同志が一人でも議会に帰還できる道を模索し、同時に民進党内にあった左派原理主義との決別を示さんと行動して、結果として虎の子の一〇〇議席を液状化させてしまい、野党を破壊した戦犯として怨嗟の的となりました。

三者三様の「選択」はそれぞれの結果をもたらすことになり、その選択が正しかったか否か、適切であったか否かが厳しく断罪されることとなりました。

その断罪の内容についてはここでは詳しく述べませんが、総理の解散の判断ですら、選挙の結果が勝利であろうと、もう少し時期が経てば「今から思えば、あの時の選挙で強力な野党の再編の契機を与えてしまったのだ」とされかねません。すべては「後知恵」での批判ですから、そこは何とでも言いようがあるのです。

「神の視点」からの批評

政治的な判断は、かならず「事後的」に評価されます。「だから言ったではないか!」と。「そうなることは分かっていたはずではないか?」とも。「どうしてそんな愚かな選択をしたのか!」とすべてが終わった後に言われたりするものです。

しかし、これは政治の世界においてはルール違反の発言なのです。

なぜならば、これは政治的決断の後に「神の視点」から全体を眺め渡して、遡《さかのぼ》って過去を断罪する行為だからです。

これは政治に限ったことではありませんが、人間の、ありとあらゆる決断は不完全情報の下で行なわれざるを得ないという制約があります。人間は世界を完全に正確に理解して決断することなどできません。いや、そもそも自分が何を考え、何を欲しているのかさえ、本当のところ理解しているか分からない——そういう生き物が人間なのです。

このような人間が政治的決断を迫られるのですから、その決定が十全なものであるはずはありません。

世論調査も見たが、野党復活の目はない。側近の報告もすべて自分に追い風だ。だから解散を判断した。しかし、「新党の風」が吹いて議席を減らすかもしれない。いや、でもここで解散総選挙をしないと支持率がじり貧になる可能性もある。やっぱり選挙だ——一か八かの勝負と知りつつも、総理は決断を下しました。

都議会選挙で長年権力を私物化してきた連中の権力を掃除できた。一週間で潮目を完全に変えた。政治は九割がたテレビがやってくれる。テレビは私の味方だ。自分に反対する分子は全部パージした。これで新党を立ち上げれば、我が方に風が吹く。民進党の連中が合流したいと言ってきている。もちろん、全員を入れるわけにはいかない。ちゃんと「踏み絵」をさせて、私に忠誠を尽くすことを誓った奴だけを入れればいい——そのように都知事は決断しました。

都知事は「党丸ごとお出でください」と言っている。時間はもうない。こういうことは党内論議をしていては結論が出ない。朝まで議論すれば結論が出ると考えるガキみたいな奴が大量にいるのが我が党だ。やや強引だったが「代表に一任」を取り付けて正解だった。今は都知事の新党だが、どうせあちらはみんな素人だ。時期を見て、党の主導権はこちら側が奪い取ればいいだけのことだ――民進党代表はそう考えたのかもしれません。

彼らの判断を現時点で批評することは簡単です。私たちにはその時点での政治情報を当時の彼らよりもたくさん持っていますし、しかも、その結果がどうなったかも知っています。つまり、私たちは「神の視点」を持っているのです。その「神の視点」から彼らの決断を批判することはいともたやすいことです。正直、私もその誘惑に駆られます。

しかし、不遜にも神の視点から文句を言いがちな自分自身に、言い聞かせたいのです。完全情報もなく、他者の本心も、仲間のハートの温度も本当のところ、分からない以上、すべての判断には失敗がつきものだ。そもそも完璧な政治、完璧な判断なんてありえるのか？　いや、そんなものはありえない。「すべての政治は失敗する」のが前提ではないのか。

そしてなおも自分に問いたいのです。

彼らは、他者の生活と人生（もちろん己のそれも含めて）を背負って判断した。自分は何を背負って判断したのか？　本当に判断したのか、と。

正直に言えば、この総選挙の後、私の心の中に、野党第一党をぶっ壊した元代表への悪罵がどれだけ浮上したか分かりません。しかし、政治の現場で恐ろしいほどの風圧（脅し、恫喝、誘惑……）を受け、その結果、起きるかもしれない失敗のリスクも考えに入れつつ、決断をしなくてはならない政治家の重圧たるや大変なものだということを考えると、それを言葉にして外に出すことは躊躇《ちゅうちょ》せざるをえませんでした。誰がいったい彼を批判できるのだろう。誰がいったい彼を裁けるのだろうか、と。

インターネットで「いいね！」と「シェア」をして、ただの一滴も汗をかかず、ゲームの帰結にいっときの感情の波を解放している「神様のような有権者」と、彼らは異なります。

個人的には、安倍総理も、小池都知事も、前原代表も、全員あまり友だちになりたくないタイプの人ですが、そんなことはどうでもいいのです。彼らは逃げも隠れもできないステージで、結果はともあれ、何かを背負って「決断」をした政治家だったのです。

政治家の苦悩は我々の苦悩である

私は長いこと、政治が情け容赦なく突きつけてくる「必然としての失敗」を、自分の問題としてきちんと結びつけて考えてきませんでした。しかし、それはまったく怠慢でした。なぜならば、こうした敗北と失敗は、もはや自分自身でも十分経験済みであったからです。

我々大人は、会社で、町内会で、ＰＴＡで、大学の教授会や地域の趣味サークルで、すでに様々な政治的な「選択」をして、数え切れないほどの敗北と失敗を繰り返してきているはずなのです。

先にも引き合いに出しましたが、この本の読者の大人は、毎日考えているではありませんか？　あまり好きではない部長とどういう関係を作っていくべきなのか？　誰の「腹心」となれば、この先十年の会社員生活が安定するのか？　つねに考え、柔軟に態度も変え、その場その場で「リアルな判断」を積み重ねているではないですか？

でもこうした目論見は、大相撲で言うとだいたい三勝一二敗くらいで失敗します。なぜならば、事態の推移を正確に計算予測できるデータが圧倒的に少ないからです。先に指摘した「不完全情報」という条件です。

押し出しのいい部長派につくという決断は思いがけずも、部長当人が「膵臓《すいぞう》癌になってゲームセット」となったりします。葬儀の後、反対派から「お前は裏切ったよな」と思われ、職場は逆風や寒風が吹きすさび、出世ルートを外されます。状況判断を誤ったのです。でも誰がそれを予測できますか？

私たちは、どこかで「すべての政治は失敗する」ということをもう分かっているはずなのです。

それなのにどうして「自分が同じ立場にあったなら、あの人と違う判断ができただろうか？」と考えずに、「あんな古狸《ふるだぬき》にどうして騙されたんだ！」と非難し、「あんなイカガワシイ団体の人たちと付き合いがあるなんて信じられない。もう支持しない！」と、そんなものは少年時代に消えてなくなってしまった「汚《けが》れなき自分」を、政治家という人間の判断基準にするのでしょうか？　どうしてそんなに政治を特別な人間の活動だと決めつけるのでしょうか？

「特別ではない私」が、もうすでに毎日政治をやっているのに！

正論主義の限界と悪徳政治家のしぶとさ

振り返ってみれば、自分の汚れた生活と人生を棚に上げ（いや、そんな生活を送っているからこそ）、私はこれまで政治を一種、「神聖なる舞台」だと無意識に思ってきたのかもしれません。不正と悪がまかり通る、自分の人生とは違って、この政治という空間だけは「正義が勝つ」世界だと思いたい、そこに現われた「汚れなき英雄」たちを都合よくイメージして、物語にして、応援をしてきたのかもしれません。

そりゃいいもんです。そういう英雄たちを応援するのは。日々のよどんだ空気、悪い空気を吹き飛ばしてくれる爽《さわ》やかな外気が入ってくるような心持ちにさせてくれます。本当は毎日、細かい妥協を続けて、現場のプチ不正とプチ悪事を見逃し、時に自らもそれに手を染めているという罪の意識をリセットしてくれるからです。

もちろん、そうやって担ぎ出された手を汚さぬ英雄たちが政治の場で勝つ見込みは低いです。

なぜならば、彼らはかつての私と同じように「正しいことさえ言い続けていれば、かならずや人々は分かってくれる」という思い込みに終始して、この複雑すぎる世界、正解の出ない世界に、やり切れなさを抱えながらも粘り強く向き合うことになっていないからです。そんな英雄が世界を変えられるわけもありません。

たいていの場合、こういう「正論主義」の一点突破方式は現実の壁にぶち当たります。サッカーで言うと、無理な中央突破によって数的不利になりボールを刈り取られます。

他方、私たちが憎んであまりある、魑魅魍魎《ちみもうりょう》たる悪徳政治家は、スキャンダル、暴言、悪行を理由に世間から責め立てられる場面で、定番の台詞を用意しています。

「このたびは、国民の皆様には大変なご迷惑をおかけいたしました。ひとえにこれは私の不徳の致すところであります」

ほとんどの場合、本当はどういう事実関係で、どんなご迷惑をかけたのか、そしてその何が本当は政治においてマズいことなのかは一切説明されることなく、ただ「徳がなかった」という反省の弁が語られるだけで終わりです。数え切れないほど、こんな会見を観てきましたね。

これでは謙虚なのか、バカなのか、それとも自分の不道徳さを居直っているだけなのかちっとも分からない口上ではあるのですが、しかし、それでいて、まるで潮が引いて行くように、ほとんどのことを水に流せるという、我が社会で多用される魔法のような言葉です。

もちろん、こんな定番は政治家としては問題外であることは言うまでもありません。

しかしながら、こういう悪徳政治家たちは実にしぶといのです。くだんの中央突破主義者たちがたった一回の敗北や失敗ですごすごと舞台を降りるのと比べたら、天と地ほどの違いです。

悪徳政治家は、スキャンダルの発覚、あからさまな差別発言、限りなく黒に近いマネーロンダリングなどを理由に、批判され糾弾される事態を招いてしまったこと、こうしたことをマネージメントできなかったという政治の敗北や失敗を「俺には徳がなかった」という意味不明の言葉で終わりにしつつも、おそらく胸中では次のように考えているに違いありません。

「反社会的勢力とのつながりを疑われる隙《すき》を見せたのは俺の失敗だ。次はバイパスを作って『エコロジーを考える団体』なんかを途中に噛《か》ませんといかん」

「人権派のバカどもがうるさいが、あいつらに媚《こ》びを売ったところでどうにもならん。当選するにはやっぱりネットの隠れ保守浮動票が不可欠だから、今度はマスコミに揚げ足を取られないように、差別ギリギリの表現を考えて煽るとするか」

「もうカネ集めは建物や道路といったハードウェアを通じてやっても昨今たかが知れてるから、今後は情報とか金融とかのソフト領域に食い込んで上手に集金しないといかんな」

この人は、もちろん褒められた人ではありません。

しかし、彼らは「だいたい政治は失敗するもんだ。問題はどうやって上手に負けるかだ」と、無慈悲なる政治の世界で生きるための「正しい」振り返りをしているのであって、「敗北こそ我が美学」などと怠惰な逃避を、かけらほども考えていないはずです。つまり、彼らはけっして逃げることなく現実と向き合い、「政治」をし続けているのです。

彼らを褒めそやすつもりはありません。しかし、彼らは「すべての政治は失敗する。そこで言い訳をするよりもまず、詰め腹を切らんといかん」ということだけは理解していると思うのです。そして、詰め腹を切ることを通じて「今度はもう同じようには転ばねぇからな」と、何かを育てるでしょう。

このことに気付いた私に、また少し異なったニュアンスで静かに道を指し示してくれたのが、一本の映画です。

なぜ彼らはダンケルクに集結したのか

クリストファー・ノーラン監督の映画『ダンケルク』は、ヒットラーが破竹の勢いでヨーロッパを手中に収め、フランスを占領した一九四〇年、イギリス軍が「這々《ほうほう》の体《てい》」でフランス軍と撤退する姿を、その最終ラインであるフランスのダンケルク海岸を舞台に、空と陸と海の三つの視角から描いたものです。

ドイツ軍に追い詰められた英仏軍は約三三万人に及びました。助けを求めて浜辺に群がる兵士をイギリスに帰還させる大撤退作戦のため、自身の小型船の民間徴用命令を国より受けたドーソンは、息子のピーターとその友人ジョージと一緒にダンケルクに向けて出港します。

海岸に迫るドイツ軍の圧倒的な火力を知る者は、この吹けば飛ぶような小型船を走らせるドーソンに「やめておきなさい！　危険です！」と警告しますが、ドーソンはまなじりをけっして「そうはいかない！　私は行くぞ！　この事態を招いた責任があるじゃないか！」と言うのです。

ドーソンの言う「責任」とは具体的にはどういうことでしょうか？

この撤退より二年前、まだヨーロッパが表向きの平和を謳歌《おうか》していた時代、ドイツで権力を握ったヒットラーはチェコスロバキアのズデーテン割譲を要求します。「ズデーテン地方に暮らすドイツ系住民が不当な差別を受けている」という理由からの要求ですが、むろんそう言われたチェコスロバキア側はそれを頑として拒否して、軍事的緊張が高まりました。この危機を乗り越えるために招集されたミュンヘン会談でイギリス首相チェンバレンは、軍事衝突を避けるために、そして戦争準備不足を理由にヒットラーに譲歩してしまいます。

翌年このミュンヘン会談の合意は完全に踏みにじられ、ドイツはチェコスロバキア全体を併合してしまいます。が、この期に及んでもチェンバレンは軍事的措置を取らず、そのためドイツは今度はポーランドに侵攻し、第二次世界大戦が始まってしまいます。イギリスはあわてて参戦し、ドイツの侵略を受けたフランスを救おうとするのですが、逆に返り討ちに遭い、とうとうダンケルクの海岸にまで追い詰められてしまいました。

これが、ドーソンの考えた「この事態」の背景です。そしてドーソンは、こう言いたかったのです。

「あの時、我々はチェンバレン首相を支持し、ドイツとの宥和《ゆうわ》政策を容認した。それがわが国と欧州の平和を守るために、最善の判断だと思ったからだ。しかし、今となればあの時にヒットラーに軍事的措置をも含む毅然《きぜん》とした対応をしていたら、第二次大戦も起きなかっただろうし、我が息子たちがたくさん死に、傷ついて、こんなにボロボロになって敗走しなくて済んでいたかもしれない。我々大人たちの決断は、ヒットラーの暴虐、イギリスの敗北をもたらしたのだ。この失敗はなかったことにできないし、どれだけ微力なものであろうと、この失敗を引き受けて、死を賭《と》して戦ったイギリスの息子たちを助けるのが、チェンバレンを支持した我々大人の詰め腹の切り方ではないか」と。

それぞれに「責任を取る」政治

雨あられと降るドイツ軍の砲撃と空襲の下、火力もない民間徴用船がわずか数人の兵士を沖の友軍の駆逐艦に運ぶという行動が、この大撤退戦にどれだけの意味があったのかは分かりません。大規模な駆逐艦で救出された兵士の数の方が圧倒的に多かったことは記録が示すとおりです。

でもこの映画に出てくる「大人である」ドーソンは、チェンバレンとイギリスと「我々大人の」政治的失敗を引き受け、そこから逃げることなく、「大人としてできることをやらねばならん」と、決死の作戦を敢行しようとしたのです。

すべての政治は失敗します。外交もまた例外ではありません。いや、各国がその思惑《おもわく》を外に出さずにプレイする国際政治の場では、どんなプレイヤーも完全情報を持つことなど不可能なのですから、外交はそもそも失敗を宿命づけられていると言っても過言ではありません。それは外交大国と言われたイギリスでさえ、例外ではないのです。

映画では、惨めな姿をさらしてボロボロになった「負け犬」そのもののイギリスの息子たちが、犬のような目をして、嘆き、落ち込み、打ちひしがれて、列車でロンドンにたどり着きます。

若いイギリスの息子たちは「こんな惨めな負け方して、どのツラ下げて〝ただいま〟なんて言えるんだよ」と、汽車の窓を閉めてうつむきます。

しかし、ロンドンの駅にたどり着いた途端、彼らは待っている人たちから予想外の温かい出迎えを受け当惑するのです。俺たちは負け犬なのにどうして石や腐ったリンゴを投げつけてこないんだ？

近くにいる老人に尋ねます。「俺たちは負けて帰ってきたんだぜ」と。すると老人は、ボソッと言うのです。

「（ぼうず）生きて帰ってきただけで十分だ」

映画館では、このシーンで涙腺が崩壊しましたが、それはさておき、この映画で示されたことの一つに、我々が「政治をちゃんとする」ことのヒントが隠されているような気がするのです。

小型船を喘《あえ》ぎながら走らせるイギリスの大人、敗残兵を迎える老人、いずれも彼らの本心がどうであったかは、「神のみぞ知る」ではありますが、彼らの思いは「負けてもともと、破れかぶれで〝撃《う》ちてし止《や》まん〟」でもなく、「あんなへなちょこドイツ野郎に負けて恥ずかしくないのか！　それでもイギリスの男子か！」でもなかったのです。彼らはきっとこう言いたかったのだと思います。

「戦争となれば成功も失敗もある。政治家には詰め腹の切り方、彼らを支持した我々には我々の責任、闘う若い兵隊には命を懸けた危険がある。それを放り出して、なかったことにはできない。兵隊は逃げも隠れもできないんだよ。だから、こちらは大人としてやれることをやる。若者は兵士となって死んだ。ちゃんと負けて、それでも生き残った連中は、ちょっと休んで、もう一度ヒットラーにお返しをするために帰ってきた。それでいい。政治家については、この国が消滅しなければ次の選挙で責任を取らせてやろうということだ」

「政治を育てる」ということ

私は、小型船の船長が「命を賭して勇敢にドイツ軍に立ち向かった」から、それを賞賛しているのではありません。

繰り返しになりますが、彼の行動の軍事的貢献は、イギリス全体の戦争の中では芥子粒《けしつぶ》ほどのものです。しかし、彼の「自分はこの状況に無関係だとは言えない。だからその場でできることをやるんだ。そしてもう一度、あのチョビ髭《ひげ》をヨーロッパから追い出すために知恵を絞る準備をするだけだ」という静かな、そして毅然とした態度が滲み出てくることに、感動を覚えるのです。

こういう大人が社会のコアの部分を支え、政治やその延長である外交の失敗や戦争の無慈悲さを正面から受け止め、次世代の人間に記録してそれを示しているなら、その時、それを共有している社会には立派に「政治」が存在しているはずです。

もちろん彼らは、戦後になって政治家を批判するでしょうし、「ダンケルク撤退を招いた主因は何か?」について、延々と議論をするでしょう。実際、戦後最初に行なわれた下院議員選挙で、戦争を率いたチャーチル保守党は惨敗し、労働党への政権交代が起こってしまいました。「チャーチルのような戦争屋は平時には不要だ」とイギリス人は判断したのです。民主政治ですから、それは不思議なことではありません。

でもそこには、いわばイギリス国民の政治的成熟が垣間見られるのです。そして、それは次世代のイギリスの政治家を育てる根となり、頑強な茎《くき》となるはずです。

民主政治において、色々な事態を招いた責任は政治家だけにあるのではありません。彼らを選び、決定を委《ゆだ》ねた有権者も、様々なやり方で詰め腹を切る必要があります。それは「誰かに失敗の責任を負わせる」というよりもむしろ、政治の無慈悲さと、それを前提にした我々自身のリアリズムの技法を大人として育ててゆく契機となるのであって、すなわち「政治を育《はぐく》む」ということに結びつくのです。

これでも私は大人ですから、いくらその失敗と判断が未熟で間抜けでも、前原代表と小池都知事を感情に任せてボロクソにこき下ろすことは控えるべきだと、自分に言い聞かせました。そんな批判をする前に、つねに失敗する運命にある政治を冷徹に受け止めて、自分こそがデモクラシーを救いにいかなければなりません。

ドーソンは、それがどれだけ微小なる軍事的貢献であっても、矢も盾もたまらず小型船を走らせました。自分はどうするべきでしょうか?　ドーソンは、「こうなったことに責任がある以上、傍観することはできない」とする態度を示しました。

さて、私にはいったい何ができるのでしょうか。あの二〇一七年の総選挙の結果を受け止めて、我々はいったい何をすべきなのでしょうか。

その答えは一つではないでしょうし、「これがその答えだ」と私が皆さんに指し示すのもおこがましい話です。皆さんの答えは皆さん自身が考えるしかないのですが、私は本書を書くことによって、その「責任」の一端を取ろうと考えています。政治がこうなった責任は私自身の中にある――そのように考えた上で、その振り返りをせねばならない。私が本書を書いている理由はそこにあるのです。

第六章　「お説教」からは何も生まれない

「君たちは勉強が足りない！」

一九九〇年、政府は湾岸戦争後の日本の国際貢献（ちなみに「国際貢献」は英語に翻訳不能な政治用語だと言われております）のために、ＰＫＯ法案を成立させようとしていました。

正式には「国際連合平和維持活動等に対する協力に関する法律」と言われるこの法律は、自衛隊を戦後初めて海外に出すことを可能にするもので、多くの市民はそれに強く反対しました。当時大学院生だった私も、この法案に反対する東京・渋谷のデモに参加しました。

かつてに比べれば実に穏健で平和的なデモが終わり、参加者が近所の公民館でデモの総括集会を開きました。壇上にはデモで主導的な役割を果たした当時の予備校のスター講師たちが勢揃いです。

当時の大手予備校には、様々な政治活動を経て、世間で言う「出世街道」のメインストリートから一歩出て、講師をやりながらなおも運動を続けている「元伝説の闘士」がたくさんいました。この時代まで、予備校はそういう人たちの受け皿のような役割も持っていたのです。

そんなわけで当時の予備校では、講師たちが受験勉強のみならず、様々な政治的問題に対して積極的に発言をし、予備校生にも影響を与えていました。少数ではありましたが、受験勉強以外の学びをデモに求める学生たちもいました。予備校側も、そうした講師たちの在り方に実に鷹揚《おうよう》で、懐《ふところ》の深い学校運営が許されていました。年配の予備校経験者の皆さんなら、当時の雰囲気にいくばくかの郷愁を覚えるのではないでしょうか。

さて、そのＰＫＯ反対の総括集会の壇上では、スター講師たちが各々所感を述べていました。私は安保闘争や全共闘運動のエピソードなどを興味深く聞いていましたが、会の半ばになるとフロアの予備校生から手が上がり、この集会の展開に不満が発せられました。

八〇年には安保闘争はなかったわけで、完全に遅れてきた我々世代は、先行するスターたちに対して、憧憬《どうけい》とともに反発心もありましたから、浪人生たちの発言に「こりゃ面白くなってきたぞ」と思いました。長々と過去の話をされて、こちらも少々退屈になっていたのです。

予備校生「すいません。俺は、デモに参加して平和の問題とか、自衛隊の問題とかをみんなで議論したかったのに、先生たちは安保の話とか、安田講堂がどうだとか、過去の栄光の話ばっかりで、はっきり言って俺らは置いてきぼりにされてるっていうか、もっとPKOに関係ある話とかをしたいです」

場内の若者たちからは彼の勇気ある発言に拍手が集まります。

講師Y「う～ん、こっちは別に思い出話をしているつもりはないんだが……」
講師M「僕らの時代と違うから、それと今の状況をつなげるような話をしたつもりなんだけどねぇ……」

壇上の講師たちはやや当惑気味ではありますが、それなりに真摯《しんし》に彼の質問に回答していました。彼らの対応は、若き学生たちとのやりとりを何とかしようというものでした。
最後に講師Sがこの若者に何を言うのかと待っていたら、突然、オブザーバーであった、古手の左翼評論家が、それをさえぎって質問した学生に向かって言い放ったのです。

評論家「君は、まったく分かっていない！　勉強が足りないんだ。ＰＫＯの問題は、これに先行する戦後の闘争の歴史の延長線上にあるんだよ。それを押さえずして、表面的にこの法案のことだけを取り上げても、構造的な問題に到達できない。もっと勉強してから来なさい！」

気持ちを壊す言葉

私は、この発言を聞いて激怒しました。なぜならば、このオールド・レフト氏の発言は、今、ここに、受験勉強を中断して、天気のいい春の渋谷に、デートもせず、怖々《こわごわ》と、生まれて初めてデモに参加して、弾《はず》みをつけてなおも勇気を出して、集会にまで来てみた若者が少なからずいることの意味を、少しも理解していないものと思ったからです。

一九九〇年はバブルの真っ最中で、土地の総量規制をやってそれが崩壊する年です。七〇年代の浅間山荘事件や連合赤軍の内ゲバによって、もはや左翼は人々のシンパシーを完全に失い迷走し、八〇年代以降、バブルとともに生活保守主義の我らは、反原発運動以外には政治的なデモにあまり行かなくなっていました。だから、この集会やデモは、ＰＫＯへの評価はともあれ、沈滞した市民運動の久々の盛り上がりの契機となりえたものなのです。

だから私は、このデモの後に開かれた集会の目的はたった一つしかないと、あの場にいて確信していました。それは、ここに初めてやって来た人たちが、帰り道に「また来てみよう」と思えるような集会にしなければいけないということでした。

しかし、そんな時に旧左翼の評論家が若者に投げかけた言葉は、「お前たちはまだまだステージが低い！　修業が足りん！」という、カルト宗教の親玉の言うことと基本的には同じものでした。

これでは勇気を出して政治集会に参加した若者の多くは、うなだれ、立腹し、やり場のないイライラをこじらせて、また虚しい受験勉強に立ち戻ることになる。それだけは避けたいと思った私は、必死に挙手をして、その古臭い評論家に抗議しようとしましたが、彼は私の挙手を分かっていながら延々無視し続けました（私は身長一八五センチの大男ですから、私の挙手に気が付かなかったとは言わせません）。

それどころかそのオブザーバーは、最初から決めていた、自分の仲間の運動家たちの集会や政治行動の宣伝や告知のために、貴重な残りの時間を延々と空費させました。トドメとして、いったん舞台裏に引っ込んでいた彼は興奮しながら壇上に再登場し、「ただいま、日本社会党の土井《どい》たか子委員長から電話をもらいました！　我々の行動に感謝を捧げるとともに、次期国会の審議を断固拒否し、徹底抗戦する意向を伝えてくれました！」などと喚き散らしたのです。

オールド左翼がよくやる陳腐な「仕込み」が見え見えの茶番劇です。今思い出しても反吐《へど》が出そうです。自分がそういう偉い人から電話をもらえるような立場だとアピールしているのです。くっだらねぇ！

彼にとって、そこに予想外に集まった若者たちは、要するに彼自身が運動家としてどれだけの影響力と動員力を持っているかを宣伝するための駒でしかなかったということです。

社会運動全体が沈滞したバブル期最中のデモに、浪人受験生が（スター講師陣に煽られた面はあるとしても）どんな気持ちでいるのかなど、何の関心も持つことなく、「君たちはまだ修業が足りん！　もっと勉強しろ！」と、若者の心を閉ざすような説教をし、そして彼らを政治的に利用したということです。今にして思えば、いわゆる「左翼」が政治の仲間を増やせない理由を、よりはっきりと確信した出来事でした。

あれから三〇年近くを経て、こんな本を書いている私は、おそらくあの時に持った強烈な違和感と怒りを、いまだに長年脳内に保ちながら、ここに至ったのだと思います。

どうして、あの人たちは若者たちが「また来てみよう」という気持ちになるようなことを言えないのか？　あんたはいったい何のためにマルクスやレーニンを読んだのか？　鶴《つる》見俊輔《みしゅんすけ》から何を学んだのか？　あんたの書いた『全学連』という〝ビギナーズ・シリーズ〟とは何のためにあるのか？

しかしそれと同時に、今の日本の政治状況を前にして、何の疑問も持つことなく、与えられたものを受け取るだけの、善意に満ちた、でも政治には関わろうとしない若い友人たちに対して「君らは、本当にこんな世界でいいと思うのか？　こんなデタラメがはびこる政治に、どうしてそんなに無関心でいられるんだよ？」という苛立ちを溜め込んでいる、あの評論家と、もしかするとさほど変わらない気持ちを抱いている自分にも、あらためて気付くのです。「人のことは言えないのではないか」という気持ちが、さざ波のようにやって来ます。

そしてこのおさまりの悪い、矛盾する気持ちのせめぎあいの種は、この反ＰＫＯデモより少し前にまかれていました。それは一本のテレビドラマでした。

林檎《りんご》たちの気持ち

中年読者の皆さんは、山田太一《やまだたいち》ドラマ作品『ふぞろいの林檎《りんご》たち』を覚えていると思います。桑田佳祐《くわたけいすけ》が歌う『いとしのエリー』が主題歌でした。

それは、一九八三年に放映された、さえない私立大学を舞台に、学歴や恋愛や就職に悩む男女六人の若者のリアルな青春を描いた作品でした。

この登場人物たちとほぼ同世代だった私は、これがパートⅣまで続くプロセスで、それぞれ自分の人生の航路と重ね合わせながら、この作品と登場人物を愛し続けました。

このドラマの最初の作品に、この私立大学生と新左翼学生のやりとりが描かれていました。酒屋をやっている良雄《よしお》（中井貴一《なかいきいち》）の家庭が揉めごとで人手が足りず、大学の友人である健一《けんいち》（時任三郎《ときとうさぶろう》）と実《みのる》（柳沢慎吾《やなぎさわしんご》）が酒屋の配達を手伝うのですが、お酒の配達先がこの学生運動の秘密集会の場で、覆面ヘルメットの過激派学生が集会の場所を内密にしてくれと頼みます。こんなやりとりでした。

学生リーダー「しつこいようだが、今夜、ここで集会があることは黙っていてくれるよね?」

良雄「ええ。そういわれてますし」

健一「（恐怖を感じ）フフ、お客さんを裏切ったりしませんよ」

実「ええ。そんな汚《きたね》えことしません」

するとと、やにわにサングラスとヘルメットと覆面姿の女子学生が問うのです。

女の学生「それだけ？　（覆面を取って）お客だから裏切らないの？　他に基準はないの？」
リーダー「よそうよ」
女の学生「お客なら誰であろうと裏切らないわけ？　そのくらいのことしか考えないの？」
リーダー「（止めようと）どうしたの？」
女の学生「あなたたち、世界の未来について考えたことある？　日本に充満している不正について怒ったことはないの？」
リーダー「そんなことといったって仕様がないよ」
女の学生「どうして仕様がないの？　同じ学生でしょう？　同じ学生に口を利《き》く柔軟性もなくしたの？」
リーダー「（鋭く）よしてくれ！　（静かに）同じ学生じゃないよ。てんで受け付けない、分からないのもいるさ（三人へ）帰ってくれ。帰っていいよ」

この後三人は憮然《ぶぜん》とした表情で帰り、ビールを飲みながら思い出話を始めます。

実「いやだねぇ。思い出しちゃったよ、あの女、俺の中学ん時の英語の先公とすっごく似てんだよ。（真似して）それだけ？　そんなことしか考えられないの？」

健一「（薄く苦笑）」

実「その上、あの男の方はよ、高校ん時の数学の教師とぴったしよ。いつもいいやがったねぇ（真似して）ああ、お前らは学生じゃない。分からないのは、仕様がない。帰っていいよ。帰れ帰れ」

良雄「（苦笑）」

実「よくいわれたよ。お前らも、いわれたろ」

健一「いわれた」

（山田太一『ふぞろいの林檎たち』、大和書房、一九八三年、二五三〜二五四頁を参考に、筆者が再構成）

当時、登場人物たちと同世代だった私は、兄の本棚にあった羽仁五郎《はにごろう》の『人間復権の論理』（三一新書、一九七〇年）ですとか、『都市の論理』（勁草書房、一九六八年）などを読んで、大して分かってもいないのにいっぱしの左翼青年気分でしたし、一九八〇年代のミッション系大学のテニスラケットとスタジャン姿のキャンパスの軽薄な風景に抵抗するように生きていましたから、ドラマに出てくる実や健一たちノンポリ学生（政治的なことがらに興味を持たない学生のこと）に対するイラつきもありました。

しかし、このドラマのこのシーンを観て、この居丈高《いたけだか》なリーダー学生と女子学生の物言いに生理的な反発を感じ、それ以後このシーンを忘れることができなくなりました。

言うまでもなく、山田太一はこのシーンを「左翼批判」を目的に書いたのではなく、凡《ぼん》庸《よう》な人間のコンプレックスと、それでも確実に持っている自負心と、人間の善意と悪意と強靭《きょうじん》さと脆弱《ぜいじゃく》さを、八〇年代の若者の日常の中に滲《にじ》ませたのですから、メッセージはもっと別のところにあります。

しかし、それ以来ずっと私は心のどこかで、このドラマに出てくるような左翼学生たちなどよりも、このふぞろいな三人の大学生に寄り添う気持ちを言語化しようとしてきました。「正しいこと言ってんのかもしれないけどさ、そんな物言いをされても心は開かねぇよ」という気持ちのありかについてです。

それを政治の話に接ぎ木するならば、それは「この秘密集会をやっていた過激派は、ふぞろいの三人と政治的に連帯するチャンスを放棄した」ということです。

教師に「それだけ？　そんなことしか考えられないの？」と詰問された人間は、それで自分の至らなさを深く悔いて、己を叱責して、猛勉強をして、高い意識を持とうと奮闘努力するでしょうか。

しません。絶対に。

そして、そう言われた人たちは、ねじれた感情を反転させて敵対者になりがちです。そういう人はかならずいます。「内容はともかく、そういう言い方をする偉そうな奴らは大嫌いなんだよ」と思っている人が。「左翼思想じゃなく、『あいつら』が嫌い」と。

肯定されたいという心根

他者と連帯するために、大切なメッセージをどんな言葉と肉体に乗せて送るかという問題は、いつの時代にも重要な「宿題」として私たちに立ち向かってきます。

私ごとで恐縮ですが、私は同世代の友人たちとは干支《えと》一周分以上遅れて子どもが生まれたため、まわりにいる若いパパやママから、子育ての作法、妻への言葉がけなどに「昭和のやり方」が残っていると叱責されることがしばしばです。

一番多く指摘されるのが「もっとポジティブな言葉がけをしなさい」ということです。「それじゃダメでしょ」、「そんなのじゃうまくいかないよ」、「まだまだでしょ」ではなく、「こうすればもっとよくなるよ」、「それよりうまくやれるね」、そして「ずいぶん頑張ったね」と言わねばならないというのです。「何でそんなこともできないの？」なんて、まったく論外です。

「あたしたちはね、昭和のおじさんと違って〝褒められて伸びるタイプ〟なの」と、もう何十回言われたことでしょう。

なるほど、言われてみればそうです。自分が子どもの頃、学校で経験した楽しかった瞬間の多くは、先生に褒められたことです。分かっているはずなのに、なかなかできないのです。「もっと勉強してから来い！」という左翼ジジイの発言にあんなに立腹したのに！

（この「結びつかなさ」の原因は何なのかが巨大な問題です）

昭和三〇年代以前に生まれた男性の多くは、「男は厳しく育てよ」という基本のもとで、親にも教師にもボロクソに言われ、叱咤《しった》され、歯を食いしばれと発破《はっぱ》をかけられ、まだまだダメだとされた経験を多分に共有しています。

野球漫画『巨人の星』などでは、父の一徹《いってつ》（名前だけでもう時代錯誤感が満点です）が「百獣の王ライオンは、我が子を千仞《せんじん》の谷に突き落とし、這い上がって来た子だけを後継にするのだ」と、ボールをアルコールに浸して火をつけてノックするという無茶苦茶ぶりです。

我が父は、昭和一桁生まれの、軍国教育を受けた人間でしたから、木刀に「海軍精神注入棒」などと書いて（海軍兵学校に憧れていたのです）、私と兄を萎縮させました。実家に行くといまだに元東京都知事が若い頃に書いた迷惑な教育本が残っており（石原《いしはら》慎太郎《しんたろう》『スパルタ教育』、カッパ・ホームス、一九六九年。著者は後年、都知事として公立学校教員への管理をより徹底させました）、そこには丁寧に赤線が引かれていたりもします。

だから「もっと褒めなきゃ」と言われると、肉体に染み込んでいる何かが反応して「ガキなんてもんはなぁ、甘やかすとつけあがって努力しなくなるんだよ。そのうち『褒めないと頑張らない』とか寝言を言い出すようなダメ人間になるぞ」と、あの頃の父親が自分の顔で登場するような脳内妄想が起こります。

しかし、五〇を過ぎて私も少々くたびれてきたのかもしれませんし、どうにもままならない平成の学生の教育という巨大な壁の前で、そろそろ何かの悟りを開いたのかもしれません。

そして、先に述べたドラマのやりとり、集会での出来事、そうしたものを思い出し、引き合わせて考えた時に、自分の心や身体の癖のようなものを、徐々に自覚し相対化させ、新しく登場した人々（我が子やその友だち、大量にいるそのママやパパ）との出会いによって、

今や一つの結論を出したのです。それは、

「相手の心を閉ざす正論ではなく、心を溶かす提案が必要」ということです。

正確には、「ようやく気が付いた」というよりも、「もう心の中ではとっくに結論が出ていたのに、身体に刻み付けられた何かによって、つねに苦しくも行きつ戻りつの逡巡を繰り返していて、でも新しい人々との出会いと体験がその苦しみを軽減してくれた」ということなのかもしれません。

分かるけどそう言われたくない

私たちは、民主主義が必要だと言われれば、ま、そうだろうなと思います。私たちは、憲法が必要なのだと言われれば、まぁそりゃね、なんて思います。私たちは、アベノミクスは失敗し、格差は拡大し、未来は不安だらけで、人口減少で成長は望めないし、政治は迷走を続けていると言われれば、「そんなとこかな」と漠然と思ったりもします。

しかし、その時「だから今こそ市民として立ち上がろう！」という言葉で呼びかけられても、「……。うーん。俺はいいや」となります。「どうしてこんなにひどい現政権に対して文句を言わないのか⁉」と言われたり、「こんなにひどい世の中になっているのを分からないの？」と問い詰められたり、「もうこれ以上自民党を勝たせるなら、日本の政治は終わりです！」と言い切られても、「きっとそうなんだろうな」と思いながらも、だからといって「そうだ！　大変だ！　これは自分の時間を犠牲にしてでも何とかしないと！」と思うかといえば、思いません。

なぜなら「こうなったのはあなたの責任でもあるのですよ！」と批判し、責められているような気がするからです。

大切なのはここです。

じゃ、「そんなこと言われたって俺のせいじゃねぇよ」とふくれっ面しているのかといえば、そうじゃないのです。「たぶん俺たちがちゃんと関心を寄せなければいけなかったのに、忙しいだとか、面倒クセェだとか、なんだかよくワカンねぇや、って放置してきたからなんだろうな」と、分かってはいるのです。分かってはいるけど、そういう風に言われても心は開かんのよ、です。

私の家族には、実にシンプルかつ正しいことを言う人がいて、言論人として百万の言葉で世界を語り、時に罵る私を、たった一言で諌《いさ》めます。最強です。

「そんなね、人からの批判に耐えられる人なんか一人もいないよ」

デモに来た浪人生が戦後政治の歴史的文脈を押さえてなくても、自分の子どもが何度言ってもサッカーの「すね当て」を失《な》くしても、町内会のおばさんが「あら？　今の自民党って昔と違うの？」なんて寝ぼけたこと言っても、我が大学の教え子が「共謀罪があった方がスパイとかに対抗できるんじゃね？」と無知をさらしても、「それは違う！　なんだよ！　そんな低レベルな認識なのか？　もしかしてバカなのか⁉」なんて言っても、いいことは一つも起こりません。言うと一瞬スッキリしますが、その後には虚無感に襲われます。

こう言われても、人は「これはいけないな。自分からちゃんと知ってみよう！」などと、絶対になりません。「ああ、バカだよ。だから何よ？」と心がねじくれます。

デモ後の集会で浪人生が言われたかったのは「受験知識以外に何か大切なことを感じて、ここまで来てくれたんだな。その気付きがうれしいんだなぁ。来てくれてありがとう。またやろうな！」という肯定的な言葉だったのです。

「人間は物を失くす生き物だ。父さんも〝ゼミ合宿出張届の紙〟をかならず失くす。お前が『玄関ですぐにすね当てを外して袋に入れる』って作戦を立てたのは偉いぞ。父さんは驚いたぞ」と言えば、息子は「もっと父さんを驚かす工夫をしよう」と思うのです。

「おばさん、何言ってんのよ？　もう時代は変わってるんだよ」じゃなくて、「お孫さん可愛いよねぇ。うちのもまだ小学生だけどさ、この子たちを兵隊にするような国にしちゃいけないね。最近はちょっとキナ臭いね？」くらいにしておいて、次は「田中角栄はカネ、カネ、カネで悪く言われたけど、戦争経験して苦労してっからなぁ。その点、最近の政治家は戦争も知らない二世、三世ばっかりで危なっかしいよね？」と立ち話をして、またその次の作戦を立てねばならんのです。もちろん「おじいさんが朝ごはん食べながら〝今日の昼飯はどうするんだ？〟ってうるさいのよ」という愚痴も聞いてやらねばなりますまい。

学生が寝ぼけたことを言っていたら「勉強会でもやるか？　お菓子とコーラでも買ってよ」と言って、それからじんわりと搦《から》め手《て》でもって「自分で学んでみようと思う段取り」を指し示してやればいいのです。「頭で考えただけで逮捕されるぞ、共謀罪」って。

冒頭のドラマの学生運動家の言うことにも、デモの集会で説教をした左翼評論家にも、すね当てを失くし続ける息子に対する私にも共通していたのは、「正しいことを正しく伝えれば、それはまともな者たちにはかならず伝わるはずなのだ」という、人間の現実を無視した物言いでした。

こういう風な物言いをする人たちは、あの上から目線のオールド左翼という絶滅危惧種でなくても、今でもまわりにたくさんいます。しかも、そのほとんどが真面目さと善意によって支えられている人たちです。

かつて閣僚経験もある野党某政治家も「正しい政策を訴え続ければ人々はいつかかならず自分たちを支持してくれる」と言っていました。でも、そんな大雑把な思い込みには寄りかかってはいけないのです。それは「軒《のき》から落ちる雨水は、下にある庭石にすら長い年月をかけて穴を開ける」と言っているようなもので、「堪《た》え忍《しの》べば、いつか正しい世界が到来する」という宗教的信条とほとんど変わりません。

そして、これは「政治とは正論をぶつけることだ」という、敗北と失敗を約束するような杜撰《ずさん》な戦い方をもたらすことにもなります。

「超人」のエピソードでは心は開かない

もちろん過去の歴史を振り返れば、志を曲げずに、正しいことを言い続けて、それを貫いた人たちはいて、それを理由に、たくさんの人たちの敬意を受け、支持を集めました。

政治においては「ブレない」ことはひじょうに人々の心に訴えます。

鋼のような強靭さを持って、戦前に政治犯で収監された非転向の共産党員は、戦争が終わるまで網走《あばしり》の刑務所で極寒に耐えて生き延び、終戦とともに帰ってきました。元共産党の議長だった宮本顕治《みやもとけんじ》は獄中一二年、徳田球一《とくだきゅういち》は一八年です。

多くの知識人、学生、市民は、人間としての弱さやその場の必然に押されて、大中小の「転向」をしたという後ろ暗い気持ちがありますから、思想を貫いた「栄光の日本共産党」という言葉は、比喩ではなくある種の実態、実感に響く表現だったのです。

しかし同時に「正しいことを正しいと信じた言い方できちんと言えば、かならず政治的解放と人民の支持を集められる」というストーリーは、挫折した戦前の左翼や、彼らを見殺しにしかけたという、やましい気持ちを持つ人々の心に、消えない傷を刻み付ける結果をもたらしました。

私は、それが間違っていたと言っているのではありません。

獄中一八年、非転向を貫いたことは、実際にたくさんの人間を励まし、戦後民主主義に起動力を与えました。しかし、それが成立したのは、あの戦争で街という街が焼け野原となり、三一〇万人もの人間が死んでしまったという悔恨と悲しみが、一九四〇年代以来共有されていたからです。

今日、あの塗炭《とたん》の苦しみを思い出す人はもう本当に少数しかいません。我々五〇代よりも若い人は、物心ついた時にはもう世界は不景気で、右上がりの成長神話などありませんでしたから、地獄と絶頂のアップダウンが分からず、つまり比較の対象がなく、広がる格差も、政治の巨悪も、「ま、そんなもんじゃね？」と思っているかもしれません。

そういう人たちに、「正しいと思うことを正しいと思うままに立派な言葉を投げ」ても、彼らのハートは起動しません。あくまでも「今、身体から感じる不条理、切なさ、納得のいかなさ」に依拠して、「それは私も同じだよ」と呼びかける以外に、彼らの力を引き出す方法はないと思うのです。

もう一度、『ダンケルク』の老人の言葉を思い出してください。ボロボロになって、己を責めて、うつむいて帰ってきた若い兵士に老人は言ったのです。

「生きて帰ってきただけで十分だ」

この後、若い兵士はまた立ち上がるでしょう。

どうして彼らがまた立ち上がるのか、そこを、もはや若くもない私はじっくりと考えたいのです。

第七章　「ゼニカネ」の話で政治をしたい

気付きつつ放置された違和感

一九八三年、ハタチになって、大学の専門ゼミナールに入った私は、そこで初めて大量に本を読み、知の世界を悠然《ゆうぜん》と泳ぐ諸先輩方を知りました。また地域の市民運動との交流の頻度も増え、色々な人と知り合いました。

当時、東京の中心から程なく行ける街に、建設業を営みつつ、その儲けたカネを全部市民運動にぶち込む社長がいました。彼は、そうした運動のための事務所代わりに居酒屋を作り、そこには学生や労組員、運動家、地域の市民が、夜な夜な集まっていました。

時として、地元の社会党区議会議員が数人やってきて議論が始まります。安い酒がまわり、かならず喧嘩となりました。「口」喧嘩だけではありません。「何だと？　この野郎！表に出やがれ！」と、時にフィジカルにやっちまうのです。

第二章で触れた田中角栄はその頃、ロッキード事件の刑事被告人の立場にあり、裏舞台で影響力を発揮しながら、まだまだ格差の埋まらない地方への富の再分配を目指す政治を継続していました。

しかし、本来ならば富の再分配を中心的にやらねばならない左派政党の地方政治家と、生白い手をした東京の学生は、同じ空の下で、なんともこんなやりとりをしていたのです。

話が荒れるきっかけは議員連中が政治的に不活発な市民を見下し、狭い組合話で憂さを晴らそうとしていたことでした。

ハタチの私「さっきから二言目には組合員がどうだこうだばっかりだろ？　どこに市民がいるんだよ？　組織率三割で偉そうに言うな！」

区議A「何だ若造？　じゃ、テメェは何なんだよ？　ただのセーガク（学生の蔑称）じゃねぇか？　ちゃんとマルクス読んだのか？　労働者が汗水たらして働いてる時に、親からもらったカネで酒飲んで、タンベ（タバコ）ふかして、脳天気だな。お前らみたいな穀潰《ごくつぶ》しがいるから革命なんかできねぇんだよ」

ハタチの私「上等じゃねぇか！　だったら、こんなとこでクダ巻いてねぇで、飛べよ！　山村《さんそん》工作隊でも作りやがれ！」

区議B「（落ち着いた口調で）岡田くん、自民党打倒の基本は反戦と護憲だよ」

ハタチの私「そりゃ結構だけど、この労働貴族は何よ？　マルクス読んで、師匠褒めて、寝てれば革命がくるってか？　俺のじいちゃんなんか靴の修理屋やって、ばあちゃんなんて保険の外交やって年金の足しにしてんだぞ。二人ともたいそうな組合になんか入れねぇんだよ！　社会党なんて、要するに大企業の組合の腰巾着《こしぎんちゃく》じゃねぇか！」

区議A「セーガク風情に分かってたまるかよ！　俺は、学生の頃九州の炭鉱に行って活動したもんだ」

ハタチの私「そんなことばっか言ってるから中曾根《なかそね》（政権）に勝てねぇんだよ！　テメェらは〝非武装中立〟で選挙連敗だろうがよ！　ゼニカネの話は憲法の話より〝次元が低い〟って思ってんじゃねぇのか？」

区議A「生活防衛は、護憲や反安保の基盤の上にあるんだよ。分からねぇ奴だな！」

ハタチの私「うるせぇ！　テメェら左翼の端くれだったら、ゼニカネの話をもっとしやがれ！　安保、安保で俺のじいちゃんの腹は一杯になんねぇんだよ！」

酒も入って、まことに上品なやりとりですが、思い起こせばハタチの時、私はすでに「どうして左派が負け続けるのか」、その理由の一端にぼんやりと気が付いていたのです。安保と憲法から入った社会科学の勉強の最中、ハートの異音に気が付いていたのです。

しかし、喧嘩しつつもこうした政治ムラを一歩も出ずに言葉を覚え続けたため、この異音を言語化することがなかなかできなかったのです。

左派基本文法の「平和と人権」

日本の左派の皆さんは、とにかく「安保」や「憲法」に関心を集中させてものを言う傾向がひじょうに強いのです。それと並んで、「平和」と「人権」もよく使われるキーワードです。もちろん、その時々の政治状況によって中心となるイシューは様々ですが、使用頻度を考えれば、とにかくこの二つは圧倒的な比重を占めます。

どうしてこういう傾向が連綿と受け継がれているかと言えば、それはあの二〇世紀の戦争から今日までの歴史の流れに、大きな要因があります。

右派の皆さんは、昭和の戦争をGHQ史観から離れた「美しい日本の傷だらけの栄光物語」と受け止めたいわけですが、左派の皆さんは「軍部と政治家が愚劣だったため、たくさんの命が失われた悲しい教訓の記録」と考えます。

左派の最大の悔恨と怨讐は、あの「軍隊」に根を発しています。

満州事変からの一五年の間に動員された兵士の数は、延べで軽く一〇〇〇万を超えますし、終戦時に外地から帰還してきた軍人・軍属の数は七〇〇万人近くに達しました。軍人・軍属の戦死者は二五〇万人以上で、銃後の空襲などの死者は六〇万人で、一人の人間の死がもたらす悲しみは家族友人を含めれば膨大な数になりますから、要するに、ほとんどの日本人にとってあの戦争の忌まわしき記憶は、直接的にも間接的にも軍隊を通じてもたらされたイメージだったと言えましょう。

終戦後に、軍組織による蛮行、将兵たちが犯した罪に関する事実が開示され、それは驚きをもって受け取られました。また、そうした事実を連合軍が戦後占領政策を安定させるために、そして戦後の日本人の民主化教育のために、政治的に活用もしました。

そうしたことも手伝って、日本人の軍隊や戦争に対するネガティヴなイメージは決定的なものとなってしまったわけです。

生きることと反戦がストレートに結びついた時代

そうした「悪の権化《ごんげ》」である軍隊のもたらしたイメージは、戦後の冷戦構造の中でアメリカが日本の役割についての方針を変えても（朝鮮戦争以前は「非武装」を、朝鮮戦争後は「再武装」を要求）、「人間を不幸のどん底に突き落とす組織」として肉体に刷り込まれ、国や政治を考える基盤となってしまったのです。

戦争を放棄した戦後憲法は、そうした悪夢から覚めて、焦土となった街の復興と平和の旗を掲げる再出発のシンボルでした。戦争放棄と非武装は、終戦後の日本人の多くにとって理念でも理想でもなく、現実だったのです。

また、左派陣営にとって、戦争とは何よりも「国家独占資本主義が死の商人として世界の若者を利用して利益を求めて起こる」と規定されるものでしたから、社会を公正なものへと変革し、貧困を撲滅し、生産した財を平等に配分する社会主義は「世界大戦に巻き込まれない」ことによって担保せられるのだとなり、軍国主義を防ぎ、戦争に巻き込まれないことこそ、平和と人権を守る民主主義の基礎だと考えられました。

つまり、あの戦争の忌まわしい出来事（窮乏生活、空腹、病気、空襲による命の危険、身内の戦死など）を克服し、人生と生活の崩壊を防ぐためにこそ反戦と護憲が基本なのだとされたのです。これは、時代を超えて、今日の左派、リベラル側の人々の「心の基本文法」のようなものです。だから、人と社会を守るためには、何をおいてもまずは平和と人権なのです。

まとめてみれば、「日本には天賦《てんぷ》の人権をもって個人を重んじる憲法がなかった。議会があっても選挙は制限されていたから民主主義が脆弱《ぜいじゃく》だった。それゆえに、軍部の暴走を止めることができず、壊滅的な敗北を招いた。この敗北によって人々の生活は破壊されて、貧困と戦前以上の窮乏に苦しむことになり、人間の尊厳を守れる豊かさとは無縁の事態となった。だから、豊かさと民主主義を得るためには、反戦と人権こそがそのスタートだ」というわけです。

この間の経緯に馴染《なじ》みがない若い人たちは、戦後の革新勢力、左派がどうしてこれほど安保と憲法になるとエネルギーを出すのか分からないかもしれませんが、これは戦後思想の基本前提なのです。

この敗戦後の惨めだった状況が、政治の言語をすべて吸収していたと言ってもよいかもしれません。生物学的生存（＝食うこと）と憲法（＝反戦）の距離がきわめて近かったとも言えます。当時の人々には平和と人権を考える、身体から発すべき理由があったということです。

拡大する格差と貧困の中で

しかし、それから七〇年以上を経て、今日この問題の位相は少々異なってきています。「暮らし」と「憲法」は、精神と肉体を軋《きし》ませながら日常を生きる人たちにとって、直接に結びつきません。戦後復興、高度経済成長、安定成長、バブル崩壊、失われた二〇年などを経て、今日、人口減少、少子高齢化などの社会的背景の変化、世界の経済の中心と周辺の格差を拡大させたグローバリズムによって、より今日的な格差・貧困問題が生まれてきています。

事実として、もはや日本の社会は年収が三〇〇万円以下の人の比率が半分です。この数は大変な速度で増えています。一〇年前、大学の教室で「今や日本の労働者の非正規雇用比率は韓国に迫る勢いで約三割です」と話していましたが、現在はもう四〇%を超えてしまいました。盆暮れのボーナスをもらえない、定期的に昇給しない職に就いている人がこの世の大半になりました。格差は拡大しています。

とりわけ若年女子の貧困はもはや放置を許さないレベルに達しています。即戦力にならない若者の雇用のひどさに加えて、積年の女性への賃金差別が重なることによって、たとえば、現金収入の道がない地方出身の高卒の一九歳の女性は、ある程度の蓄《たくわ》えがないと東京砂漠で遭難し、一瞬のうちにネットカフェ難民になり「生死ライン」をまたぐような貧困に陥ります。

他方、結婚もせず、独身で働く中年男子が、会社の倒産を受けて再就職しようにも正規雇用はなく、要介護の母親と二人でアパート暮らしの最中、共倒れするような事態が、じわりじわりと増加しつつあります。団塊ジュニア世代が五〇代になった時、「非正規被雇用者、未婚、要介護の親付き」というにっちもさっちもいかない苦境に追い込まれる人たちが大量に生まれると予想されています。

高度成長以降の日本政府の財政方針は、右上がりの経済成長を前提に、護送船団方式で企業を守り、勤労世帯に継続的に減税をし、その可処分所得を「教育」と「住宅」に注ぎ込ませ、景気を維持しながら社会保障を安上がりに進めるという「土建《どけん》型経済成長モデル」でした（井手《いで》英策《えいさく》編『日本財政の現代史Ⅰ　土建国家の時代　一九六〇～八五年』有斐閣、二〇一四年）。

しかし、今やグローバリズムの渦中にあって、かつての右上がりの成長前提は消滅してしまい、それでいて旧モデルの財政の慣性のため、上がり続ける教育費と生活基盤整備費によって、中間層はもうお金を使えなくなり、上と下に両極分解し痩せ細っています。

経済の一定の成長と景気は、大量に存在する（はずの）中間層が落とす貨幣の量によってかなり支えられていますから、バカ高い教育費に怯える中間層が、それでもまだ何とかもらっている賃金から、子どもの将来に備えなきゃと怯え（ローワー・ミドル以下はもはや子どもの教育を諦めています）、怖くてお金が使えません。

離婚して二人の小さな子どもをシングルマザーとして育てるために、昼間のスーパーでの仕事に加えて、夕方からまた別のバイトをしなければならない人にとっては「憲法よりお金ください」です。平和とは「集団的自衛権」の問題ではなく、別れた夫がストーカーとして職場や保育園に現われて、カネをせびり、娘を連れて行こうとする恐怖のない状態のことを言います。「平和？　まずはＤＶから守ってよ」と。

沖縄・辺野古基地建設反対運動にとってひじょうに重要だった名護《なご》市長選挙で、辺野古容認側についた者たちに、沖縄での経済生活に希望を持てない若者の姿が少なからずあったことを、支局記者としてかつて何年も沖縄でウォッチングを続けてきた記者が報告しています（木村司「沖縄・名護市長選　『反基地』いびつな閉塞感」『朝日新聞』、二〇一八年二月一五日朝刊）。基地問題ばかりを語り、暮らしに何もしてくれない政治家への不信が、そこには見えがくれします。

誤解されている「リベラル」

こうした今日的な状況に直面して、日本の自公政権は、ヨーロッパにおける右派の財政均衡主義や緊縮政策ほどの締め付けをしているわけではありませんが、それでもＯＥＣＤ諸国の中でも指折りの「小さな政府」という基本構造を変えようとはしていません。つまり、中間層を再活性化させるための大胆な再配分政策に舵を切るという兆しはそこにはありません。

他方、左派政党、リベラル派言論人の皆さんも、反貧困と格差是正のための経済政策を、政治活動の中心に据えているようには見えません。もちろん連合との協議によって、賃上げや生活防衛のための主張には耳を傾けてはいます。

しかし、私が少しでも日本の中間層の再構築、所得の再配分について言及すると、少なからぬ人に「民主党は昔から緊縮派、自己責任論者だったし、今の野党にもたくさんその系列の政治家がいる。それなのに、今さらオール・フォア・オール（慶應義塾大学井手英策教授の提言する間接税増税を軸とした再配分プログラム）などと言っても信用できない」と批判されます。

本来ならばリベラルとは「公正な社会のためには政府は適切に介入すべき」というスタンスのものであるのに、日本の場合、「自己責任」と「小さな政府」を錦の御旗とするネオ・リベ派の主張があたかもリベラルの代表意見であるかのように誤解されている状況が今なお続いているのです。

こうした誤解は、日本の左派が「中間層を再構築するための経済政策を」というメッセージを継続的に出して来なかったからです。無理もありません。旧民主党には、ネオ・リベ派から社会主義者まで、要するに右から左までの全種類の人たちがいたからです。

「ゼニカネ」を軽視する日本の左派

この点に気が付いていた人たちは、これまで直近の選挙においてそのつど、「安保と憲法はもっともだが、それでは選挙に勝てない。とにかく選挙では〝社会保障〟の話だけをし続けろ！」と口を酸《す》っぱくして言っていましたが、このメッセージはオール野党勢力にかならずしも浸透しませんでした。

月額一〇万円以下の年金で暮らす老人たちは、年金、医療費、物価が死活問題である層であり、同時に、選挙があったらかならず投票所に行くという律儀な人たちです。ただし、旧民主党への悪しきイメージを持ち続けているので、「なんだかんだで自民かねぇ？」というところから出て来づらい、頑固な人たちでもあります。

そういう人たちの気持ちに添って、「社会保障！」「医療費！」と言い続けることが必要でしたが、現場の選挙に行くと、そうした話はお愛想《あいそ》程度で、結局は「安保法制と安倍改憲反対」の話になっていました。リベラル勢力、左派陣営の中心的な支持者は、実はこんな時代でもまだ雇用が比較的安定していて、不安を抱える世代の切迫感を共有していないのかもしれません。

イギリスの「地べた目線の保育士」と自称するライター、ブレイディみかこは、反特定秘密保護法、反安保法制を契機に市民運動に躍り出たシールズ（ＳＥＡＬＤｓ　二〇一五年の安保法制反対運動時に、若者層を中心に活動した政治集団）の若者たちの勃興を「ヨーロッパ反緊縮運動（英国労働党やスペインの左派政党ポデモス）」と連動するものと結びつけようとする見方に違和感を持ち、来日した時には、より「地べた」感の強いエキタス（ＡＥＱＵＩＴＡＳ　大学生や二〇〜三〇代の非正規労働者などで結成されたグループ）の泥臭いメッセージ「最低賃金を一五〇〇円に」に注目していました。そんな中で彼女は、日本の左派に対してある違和感をぶつけていました。

「日本の左派には『結局は何でも金の話か』と経済を劣ったもののようにみなす傾向がある。反戦や人権や環境問題は左派が語るに足る高尚なテーマなのに、経済はどこか汚れたサブジェクトでもあるかのように扱われてきた。左派はもっと意味のある人道的なことを語るべきで、金の問題は自民党がやること。みたいな偏見こそが、野党が政権を取っても経済を回せず短命に終わり、結局は与党がいつも同じという政治状況を作り出してきたのではないだろうか」（ブレイディみかこ『ＴＨＩＳ　ＩＳ　ＪＡＰＡＮ　英国保育士が見た日本』、太田出版、二〇一六年、六〇〜六一頁）

ヨーロッパに吹き荒れる「反緊縮」の風を受けながら、保育士としてブロークン・イングランド（緊縮政策のために貧困者が完全に希望を失ってしまった〝壊れてしまった〟英国の意味）で、ストリートを虚《うつ》ろな目で漂う人々と向かい合ってきた彼女の目線からは、日本の左派政治勢力は本来するべき仕事を果たしていないと見えるのです。

左派王道の仕事とは、「ストリート・レベルで起こっている深刻な経済問題を〝政治的に〟表現し、解決する」ということです。

ところが日本では、福祉の現場で格闘する者たちには「マクロ的視点で政治を考える発想がなく」（ブレイディ）、逆に政治に関わる者たちが、現場で起こっていることを政治の磁場に乗せるための生活言語への翻訳をしません。彼女の指摘を引き続き、紹介しましょう。

ゼニカネの重要性を知っていた田中角栄

「日本のNPOはひじょうに熱心に現場のノウハウや制度を考え、頭が下がるような具体的活動をします。でも、それを『政治的に増幅させて世界を変えるパワーにする』発想が希薄です。自分たちが懸命に取り組む現実とそのための制度がどうしてうまく機能しないのかを、『既得権益や古い制度を変えようとしない政治家を取り替える』、あるいはそれを実行するための組織を政治的に支援することで解決しようとする志向性が弱いのです。

そしてそれは、現場で苦悩する人々をきちんと組織して、彼らの要求を政治言語へと翻訳しない左派政治家の責任でもあります。左派は、そうした翻訳作業と友人集めを怠り、現場の気持ちを汲み取り政治化することなく、あたかも傍観者であるかのような現状告発をして、それを旧態依然の言語で批判し、抽象的な平和と貧困と人権のシュプレヒコールを掲げることに終始していると受け取られています」（ブレイディ同上、七五〜八八頁を要約）

ブレイディの言いたいことは、要するに「左翼はゼニカネの問題をきっちり政治でやれよ」です。

この点について、私は大いに自らの過去を反省する者であります。

冒頭の思い出話のように、私は自分の祖父母のつましい暮らしに想像力を持たない自称社会主義者たちに、不満と違和感を禁じえなかったにもかかわらず、その後自分が学問研究の道に進むという展開の中で、その違和感を丁寧に紡ぎながら世界を語るということができませんでした。「高い教育を受けさせてもらった者は、志高く世界を語らねばならない」と、安保と憲法に口角《こうかく》泡を飛ばしてきたのです。「ゼニカネの低次元の話はドブ板と補助金にしか興味のない低レベルの族議員にやらせとけばいいんだよ」と違和感を封じ込めていたのかもしれません。

日本のデモクラシーにどれだけ罪をもたらそうとも、雪に埋もれ出稼ぎに行かざるを得なかった新潟の人々からすれば、公共事業をわんさか持ってきてくれる田中角栄は、どのような手を使ってでも暮らしの問題を政治で解決しようとしたわけです。皮肉なことに、戦後復興のために政治の舞台に躍り出た日本の左翼陣営は、高度成長以後その本来の仕事を田中角栄らの保守政治家に代行してもらっていたのです。

そしてそれにうっすらと気が付いていたというのに、私は、『朝日ジャーナル』で筑紫《ちくし》哲也《てつや》の書いた金権政治批判の記事を読み、田中支配を憂える市民派政治学者の論考を読み、「一億総角栄叩き」に乗っかって、「もっと民主主義を！」と叫んでいたということになるわけで、いくら反省してもしたりないくらいです。

生きる者の「不安」に耳をそばだてる

大規模な暴力によって国民の人生を左右する安全保障の問題は、言うまでもなく取扱注意の重大問題です。憲法は、民主政治を支え、かつ制御するためにも不可欠なものです。日本人を三一〇万人死なせ、アジアの人々二〇〇〇万人の命を奪ったあの戦争の悔恨と反省から生まれた戦後民主主義を支える二大トピック、「平和」と「憲法」は、日本の未来を考えるためにも依然として存在することは否定しようがありません。今後も、それは時代とともに歩み続けるでしょう。

しかし、そもそも政治は何のためにあるのかと言えば、その中心には「社会を維持する」という目的があります。

くだいて言えば、この世に生まれてきた者たちが、「生きることはそこそこ楽しいものだ」という気持ちを失うことがないように、一人ひとりが弱くて無力な人間が協力しながら生きていける条件を守るということです。

日本の社会で働く者の半分が、未来に希望を持てない雇用条件に置かれ、次世代における生活基盤の維持に危機が生じている時、左派はもともと「もう何をやっても楽しい未来などあるはずがない」という気持ちを、社会の大半の人々に持たせない政策を立て、それを実現しようと既得権益者と戦ってくるべき存在だったはずです。それが左派の本来の仕事だったはずです。

経済や暮らしや未来の生活という人間の生きる諸条件に不安を持ち、希望を持てないならば、社会を支えるために政治を変えねばならぬと思う者は、そうした不安に寄り添って、それを共有する人間としての立ち位置を示し、我々の生活の具体的な条件について、それをきちんと政治の言語へと翻訳し、実効的な力を発揮できる戦いの舞台を作らねばなりません。

安保や憲法が分からない、漠然と景気と経済と昔ながらの事大《じだい》主義に寄りかかってきた人々も「含めて」多数派を形成しなければ、我々はもう選挙すらできない、フェアな競争すらできない、プーチン下の現代ロシアのような政治状況を招いてしまうでしょう。

平和と人権のために、私たちは「ゼニカネ」の話をきっちりとして、それを政治的に解決する道筋を人々に示さねばなりません。その道筋の先には、きちんと「平和と人権」はあるのですから。

第八章

議員には議員の仕事がある、ということ

権力に取り込まれる

前にも触れたように、一九八〇年代前半に大学生であった私は、付き合う大人の数も増え、出入りする世界も広がりました。下火になっていたとは言え、当時はまだ表立って学生運動をしている人も少数でしたがおりました。また、そうしたものに背を向けて、ゲバ棒とヘルメットを捨てて、地域に戦いの場を移して市民運動をしている人々にも触れました。そうした各々の場で色々な言葉を覚えました。

私「先輩、今度、〝市民反戦祭り〟をやるから手伝えって言われているんです」
先輩「それは、どこのセクトだ?」
私「いや、セクトじゃなくて、地域のお店とか企業がお金も出して出店して、行

きつけの飲み屋の人とかが中心になって」

先輩「企業がカネを出してる？　そりゃダメだ！　眉唾《まゆつば》だぞ。資本家のカネで何が反戦だ。もっと勉強しろ。あいつらは戦争になったら大儲けする『構造』の中にいるんだ」

私「……。でも市民て言うのなら、いろんな人の力を借りないとダメなんじゃないですか？　反戦活動は、小異《しょうい》を捨てて大同《だいどう》につく『人民戦線』方式ですよ」

つい最近、スペイン内戦に関する本を読んで、「人民戦線」という言葉を覚えた私は、こんな風に先輩に反論したのです。

先輩「独裁者フランコに対抗する一点で人民戦線をやった結果、フランコは失脚したか？　勝っただろう？　そしてヒットラーと手を結んだ。ヒットラーはそのおかげでスペインで色々知恵をつけて、それを利用して後々、ヨーロッパの人民を苦しめたじゃないか？」

私「はぁ」

先輩「だから、そんなのはダメなんだよ。フロントライン（活動や戦いの場、前線）

を間違えている。人民戦線なんてやっていると権力に取り込まれるんだよ！」

「日和《ひよ》る」（日和見をして体制側につくこと）、「ボナパる」（調停者のふりをして二股をかけて専制的権力を振るうこと）、「オルグる」（組織化を進めるために口説くこと）、「総括」（反省や自己批判や仲間の吊るし上げや、強引な自派の顕彰と賞賛などの総称）、「自己批判」（自分が革命に対してどれだけ不純であったかを自虐的にさらすこと）……そうした様々な政治用語、左翼用語を覚えましたが、先輩たちがよく使った言葉が、この「権力に取り込まれるな」という警鐘フレーズでした。

政治「家」になるという堕落

運動の先輩たちは、よく呑みながら自分たちのまわりの人間がこれまでどれだけ節《せっ》を曲げて、体制に尻尾を振り、純粋さを失っていったかを切々《せつせつ》と語っていました。

分かりやすい「裏切り者」は、学生時代は反戦デモを一緒にやったくせに「自民党区議会議員」になったたぐいの人です。

妾《めかけ》を囲い、母さんを泣かせた保守政治家の父親に反発し、「親父に恥をかかせてやるという動機が九割だったよ」とデモで暴れて逮捕された連中に限って、その後、その親父のカネで「世界でも見てこい」と上げ膳、据え膳のお気楽世界旅行とやらに行き、「視野が狭かった」などという半端《はんぱ》な反省をして、脳梗塞で倒れた親父の後を継いで、めでたく三十三歳で「自民党公認」となった……これが鉄板イメージです。

私から見れば自民党であれ社会党であれ、とにかく「議員」になるというだけでも、それはそれなりの決意の結果ではないかと思ったのですが、運動をやってきた先輩たちからすれば、自民党は言うまでもなく、社会党や共産党といった既成政党から出馬することですら、「権力に取り込まれる」と言うのでした。

「社会党は非武装中立を掲げ、戦争に反対しているし、共産党だって核兵器廃絶って言っているじゃないですか？　何でダメなんすか？」

そんな私のシンプルな疑問は先輩たちにたちまちに却下されました。

当時先輩たちの間では、要するに世界を変えるためにどれだけ純粋に思想を貫いたかが、政治をする人間の評価基準でした。

「あいつは親父が三菱重工の重役なのに筋を曲げずに大学を中退して活動に殉じている。大した奴だ」

「俺たちの先輩に、あの樺美智子《かんばみちこ》とデモでスクラムを組んだ伝説的人物がいてな、六全協《ろくぜんきょう》で体制べったりになり、腐敗した共産党を倒すためにブントに入ったんだよ。それに比べて民青《みんせい》のアホどもはなんだ？　社青同《しゃせいどう》なんて、いざ革命政府ができたら血眼《ちまなこ》になって大臣になりたがるような俗な連中だ」

こういう話を聞き続け、半端に覚えた言葉を使って自分も話していくうちに、言葉は身体を規定する部分がありますから、だんだん丁寧にものを考えることがなくなってくるのです。

そして、ガキの一つ覚えのようにちょっとでも「運動の純度」が落ちることを言ったりやったりすると、最も安易に人を断罪できる言葉を口に出せるようになってきたのでした。

「あいつはダメだ。権力に取り込まれた……」と。

三〇年以上も前に、ある種の違和感という種は蒔《ま》かれていたのに、先輩たちから受けた影響は大きく、政治とは議員のような「権力」と連携することではなく、思想をどれだけ純化させ、現実の誘惑や陽動や陰謀から距離をおけるかだと、思い込んでしまったのです。

つまり「政局を語る」などということは、本質的な問題を放置した堕落した人間が関わることなのだということでした。

そして、この考えは単なる「反政治家」という理念的なレベルだけでなく、様々な政治の場面で格闘する政治アクターたちへの丁寧な視線を育てる契機を失わしめました。政治の現場にいる者たちがそれぞれ何を巡って格闘しているのか、それぞれの場でどのような苦しい現実に直面しているかを全部無視するばかりか、「どれだけ現実から離れ、どれだけ手を汚さなかったか」という純度を基準に政治行動を評価するというやり方で世界から閉じこもっていたのです。

要するに、思想という名の下に「最も友人を増やせないやり方」をどんどん強化していたということです。

街頭で手を結ぶ市民運動と野党

私がそんな子どもだった時代から、地球が太陽のまわりを三〇周もしてしまいました。その間には、かつては市民運動家だった人（菅直人《かんなおと》）が総理大臣になるといった政権交代も成し遂げられました。元市民運動の旗手だった人に対して、「奴は権力に取り込まれた」などと批判をする人はごく一部となりました。

そういう流れを受けて生まれたのが二〇一五年の初夏に起こった、安保法案への反対運動でした。これまで四〇年以上維持してきた「個別的自衛権のみ」という憲法解釈を閣議決定のみで「集団的自衛権も認める」ということにして作られた安保法案は、圧倒的多数の憲法学者と言論人の反対声明と行動を引き出し、市民の反対行動もどんどん強まり、国会前には一五万人とも言われる人が集まりました。

実は、この反対デモ・集会において、戦後市民運動史、あるいはもっと広くとらえれば戦後政治史において、あまり見られなかった光景がありました。

それは、国会前に集まった多数の人々の前で、集会をリードするシールズや他の市民団体と、議会の野党メンバーが連携し合って、お互いを鼓舞《こぶ》し合いながら声高に安保法案への反対と政権の退陣を求めたことです。

法案反対と政権退陣を訴えて、市民団体の集会と野党議員が同席するなんて、特別な光景ではないだろうと思われるかもしれません。

しかし、戦後政治の基本的な風景として、現職の野党の代表クラスの政治家が、国会前で、法律案の廃案と政権の退陣をデモに参加した人々と一緒に要求する集会を、連日繰り広げるということは、さほど当たり前のことではありません。

溢れかえる市民団体の声を直接受けた政党が、彼らとの連帯を宣言し、その後の国政選挙での野党共闘を具体的に話し合うなどということは、かつては少なくとも水面下で行なわれることだったからです。

かつての永田町の常識では、市民グループと野党は、直接の関係を持たないものでした。なぜならば、かつての社会党や民社党（民主社会党）にとって大切な顧客とは、選挙の時に人もカネも融通してくれる種々の労組や関連業界団体だけだったからです（公明党と創価学会の関係はややトーンが異なります）。

だから通常市民グループが野党に「安保法案の廃案」と「政権退陣」と「野党統一候補者名簿作成」を要望書として持って来れば、まずは「あなた方は誰をバックにしている方々ですか?」、あるいは「どの団体の後援を受けた人たちですか」と、まず「身元」を明らかにしてもらった上で、「貴重なご意見をありがとうございました」と慇懃無礼《いんぎんぶれい》に追い返すに近い対応をしたものです。時代を感じます。

だから今日、政権に具体的にストップをかける立場にある「院内」の野党と、デモや集会といった「院外」の活動家が直接連携することは、どれだけ「デモなんて選挙の結果を拒否する民主主義の否定だ！」などという批判がなされようとも、これは新しい風景なのです。もはや「政治家である」というだけで拒否感を示し、排除しようとする左翼小児病患者はいないのです。

しかし同時に、市民と現場の議員との関係における、次の段階の宿題が顔を出します。「現場の違いをお互いどう理解するか?」という、政治の友人たちの間で切り分けねばならない役割についての問題です。

現場の違いとはすなわち、議会の内と外、「院内」と「院外」という違いです。

院内野党への不寛容と攻撃

この違いは野党の政治家が街頭から院内に立ち戻った段階に現われます。

結果から言えば、あの安保法案国会で、野党は与党のやった強引な強行採決を防ぐことができませんでした。

衆議院の安保特別委員会では、与党側によって数々の慣例を破る議事運営が行なわれました。強行採決の時には、委員会のメンバーではない若手の与党議員たちが委員長席に雪崩《なだれ》を打つように集まり、壁を作り採決をサポートし、その最中に野党議員の一人が顔面にパンチを喰らいました。

衆参両院では、いわゆるフィリバスタリング（合法的議事妨害）として野党議員が、憲法や政治学の教科書に出てくるような、堂々たる演説をしましたが、野次を飛ばし薄笑いを浮かべる与党議員によって、本会議採決も断行されました。

問題の本質に届く、真っ当な、合理に基づいた議論はすべていい加減な答弁でごまかされ、多大なる疑問点を置き去りにして法律ができてしまいました。

このようすを見て強行採決前夜には、院外の人たちは、野党を応援しつつも、野党批判を行なうようになりました。院内と院外に亀裂が生じたのです。

それは「どうして牛歩戦術やピケや議員辞職提出、そして大量の不信任決議案提出などをやらないんだ！」というものです。

委員会審議の模様は、某国営放送が何かを忖度《そんたく》するかのように間歇《かんけつ》的に中継をしていましたが、テレビを観ている人たちにとっては、そのようすは淡々としたもので、最初からシナリオが決まっている、低レベルの政治ショーを見せられているように思えたものでした。

それを見た「院外」の人たちはイライラを募《つの》らせました。粛々と相手の土俵に乗っかって、審議日程をこなして、強行採決を受け容れていいのか？　何とかしろよ！　野党！　本気で闘う気があるのかよ!?　議会なんかぶっ壊しちまえばいいんだよ！

でも「院内」の現実は違います。

安保法案を廃案にして、首相を辞めさせて、野党統一候補を作るという政治的目標は、現実的にはひじょうにハードルの高いものです。

野党は頭数《あたまかず》で与党の三分の一しかいないからです。国会は会期も決まっていますし、どれだけ議論をしたくても、与野党の水面下の押し引きで、おおよその着地点も決められてしまっています。だから気持ちはどれだけ高ぶっていても、どれだけ院外の怒りが蔓延《まんえん》していても、院内にいる人たちに「できること」は限られているのです。

しかし、そうした「院内」と「院外」の認識のギャップはけっして埋まることはありません。

運動の高揚した気持ちは、現実の議会での事態が推移するにつれ、失望と怒り、そして院内の野党への不満や批判へと変化していきます。

かつての自分も、そこをなかなか切り分けて考えることができず、やはり同じように「野党は何でもっと抵抗しないんだよ！」と怒りを募らせていました。そして、自分たちの政治の友人をけっして勇気付けることのない言葉で、糾弾《きゅうだん》したはずです。「野党には失望した。裏切られた」と。

議運と国対という戦いの場

国会議員は立法府のメンバーで、そこは「法律を作る」ところです。彼らは法律を作るという役割を、あくまでも議会内のメンバーの頭数を一人でも多く集めることで果たすしかありません。そして、その議会は、痩せても枯れても一〇〇年以上の歴史と慣習の積み重ねがあり、そのルール内で運営されねばなりません。このことを院外の人たちはあまり分かっていません。

大学の講義で「国会の中で一番影響力を行使できるのは誰か？」と学生に質問すると、多くの学生が「総理大臣ですよね？　普通に考えれば」と答えます。

しかし、総理大臣はあくまでも行政府の長であって、立法府である国会の長ではありません（そこのところをしばしば、今の安倍首相は混同しているのですが）。実は国会の法案審議において少なからず力を持つのは各党の「議運（議院運営委員会）」と「国対（国会対策委員会）」の委員長なのです（議長は中立的立場なので、力は持っていません）。

議運は「この会期でどの法案を審議対象とするのか」を決定し、国対は「具体的な国会日程の展開の中で、どうしたら首尾よく議事が流れていくのか」をコントロールする役割を持ちます。

いくら力のある総理や閣僚も（今日はほぼすべて官邸の言いなり状態の与党ですから想像しづらいでしょうが）、各党から選ばれた委員が集まる議院運営委員会や国会対策委員会にそうそう露骨な圧力をかけられません。つまり、「審議項目とその審議の段取りをどうするか」については、それぞれの委員会独自の現場があるわけです（中北浩爾《なかきたこうじ》『自民党―「一強」の実像』、中公新書、二〇一七年）。

いくら法律を通そうと思っていても、議運がそれを上手にセッティングしてくれなければば、審議は進まず塩漬けです。だから、とにかく政府の側は議運の委員長にうまく議案をセッティングしてもらって、しかもそれが途中で与野党の駆け引きの材料にされて「審議未了」（廃案）にされないように国対委員長の顔も立てねばなりません。野党の側はもちろん、それとは逆の方向での働きかけを行ないます。つまり、院内では法案についての議論をする以前の段階で、丁々発止《ちょうちょうはっし》の神経戦がなされているというわけです。

だから院内のメンバーの行動原理は、当然のように院外の市民運動とはまったく別となります。とにかく野党の議員は、与党が多数を占める国会で、どうしたら廃案に追い込めるのか、どうしたらギリギリで継続審議に流し込めるのか、そして最悪でも付帯決議をつけさせて、与党のフリーハンドとならない法的な楔《くさび》を打ち込めるのかを、考えて考え抜いて、「そのためにここでできること」を他の国対の理事たちと知恵を合わせて練らねばならないのです。

議会における議員の行動を表わす言葉に「丸太転がし（log-rolling）」というものがあります。これはアメリカの議会用語ですが、意味は「対立している党派の法案でも、当面自分たちに損得がないものに賛成してやる代わりに、今後は逆に自分たちの利益がかかる法案を、取引をして賛成してもらう」議会運営のやり方です。

これは議員一人ひとりの独立性が強く、党議拘束があまりないアメリカの議会だから見られるものですが、日本の議会においても、こうした工夫は不可能ではありません。

与野党間であまり争点を持たない、上手にやれば全会一致法案となるようなものを優先したり、本当は対決法案にしたいが、前回の国会で無理を通してくれた国対の委員長に恩義を返すために妥協したり、逆に「あんまり官邸の子どもの使いみたいになるなら、審議を止めてあんたの顔を潰すぞ」と開き直った恫喝だってできます。

今のように与党が多数の議席を持っていれば、そうした野党のネゴシエーションに乗らず、「お好きなように」と返すことは理論的にはできますが、そこは双方「大人」なので、あまり後々まで禍根を残すようなことはするべきではないという比較衡量をするのが常です。ですから少数派の野党だって、知恵を絞れば相当な抵抗ができるのです。しかし、そうした駆け引きはつねに水面下で行なわれるものですから、その事情を知らない「院外」の市民運動側からすれば、「物足りない抵抗」に見えたり、「汚い妥協の産物」に映ったりもするのです。

でもそれはしかたがないことなのです。戦い方のルールが、院外と院内ではまったく異なるのですから。

火事を知らせる人と消す人

院外から見れば、野党議員が「何が何でも廃案に追い込みます！」と路上で叫んでくれたら、期待もしますし、何か秘策があるのかもしれないとも思うかもしれません。しかし、それは簡単には明かせません。手の内を読まれるからです。

「国対理事が集まって今後の議事の進め方について協議しましたが、野党はこれ以上の混乱は国民生活に悪影響を及ぼしかねないと、野党側提出の議員立法○○法案の継続審議と、与党提案の△△法案に付帯決議を加えることを条件に国会の正常化を約束しました」などという報道がなされると、「やっぱり裏切りやがった！　国対の連中は与党からカネでももらったんだろう！」と、かつて私も反応していました。どうせ国会止めている間に麻雀でもして、野党のボスはゲンナマもらっているんだろうと（五五年体制では、本当にそうだったそうですが）。

しかし「院内」にいる政治家のやるべきことは、火の見櫓《やぐら》から江戸の町を眺めて、煙を発見したら「火事だ！　火事だ！」と鐘を鳴らして危険を知らせるメディアや言論・運動に従事する立場とは異なります。それを受けて鳶口《とびぐち》、刺股《さすまた》、鋸《のこぎり》などあらゆるものを持って火消しに行く立場です。

「ここに問題があるじゃないか！」と人々に知らせる人たちは、それを増幅させる仕事が中心です。でも院内の人間は「それを具体的な法律作りという作業」の中に落とし込む仕事をせねばなりません。だから自分たちの仕事の評価基準を持ってきて、院内の人間の行動を評価しても意味がないのです。

同じことを逆の方向から言えば、政治家は「純粋な気持ち」を発する暇があったら、半鐘《はんしょう》を鳴らしてばかりではなく、火消しに行かねばなりません。理想の主張と悪の糾弾ばかりではなく、少々手を汚してでも事態を打開する努力をするべきなのです。

沖縄・普天間《ふてんま》基地の県外移設を目指した鳩山由紀夫《はとやまゆきお》元総理大臣は、外務省北米局に後ろから撃たれ、防衛省にも壁を作られ、政策実現に失敗し、辞任しました。その後も一衆院議員として福島第一原子力発電所の事故を契機に、党内で脱原発政策を訴えました。

放射性物質に怯えて暮らす苦労を考えれば、脱原発という政策に異論はありませんし、これまでの原子力政策を支えた嘘まみれのプロパガンダに怒り心頭だった多くの人が、彼の訴えを歓迎しました。

しかし、私はこの元総理が脱原発デモと集会をしている国会前に出てきて、「皆さんと想いは同じ」とコメントしたことを報道で知り、かつての自分の陥っていた思考を突きつけられたような気がして、天を仰いだのでした。「あなたの役割は本当は何なのですか」と。

院内の人間がギリギリの局面でやらねばならないのは、「脱原発への想いは皆さんと一緒です」などと心情を吐露することではなく、経産省と強力な原子力ムラの間に少しでも楔を打ち込むような作戦と工夫を、仲間を束ねて作り上げることのはずです。

議員ならば、そのためにできることを全部やって、ボロボロになって、泥も被り、息も絶え絶えとなったあげく、「私は負けた。しかし、全敗はしていない。戦い続ける。その思いは皆さんと同じだ」と言ったなら、「天晴《あっぱ》れ！」と快哉《かいさい》を叫んだかもしれません。しかし、彼は院内でいったい何をしたのでしょうか？

彼の強みとは、永田町の誰もが知っていることですが、「ちょっとやそっとのカネじゃ筋を曲げないほどの大金持ち」であることです。旧民主党は、お金が足りない時に彼のママから融資を受けて資金を調達したぐらいですから、大金持ちの息子の元総理大臣には、新しい政治勢力を元気付けるための「大人のカネの使い方」だってあったはずです。

かつてなら、「何でもカネかよ」と、政治家に邪悪な視線を送っただろう私は、その時には、（もちろん法の枠内で）「カネはこういう時にこそ使うもんだろう？」と思いました。それがあなたの仕事の「現場」じゃないのかと。

戦わない奴らが文句を言う

現場が違うということでいえば、それはネット上でもしばしば起きる衝突です。

ツイッターをやっていると、こちらは実名も現職もさらして、リスクを負って発言しているのに、通りがかりにゴミを投げつけられるように匿名者から誹謗《ひぼう》中傷を受けることがあります。

その中には、「かつて自分は権力と対峙《たいじ》したのだ！」というのが自慢の左派の人たちもいます。彼らの口癖は「オカダなど本当の意味での戦いをしていない。その程度の認識で本当に敵を倒せると思っているのか？　私の知る限り、本当に戦ったのは、△△と××しかいない！」です。

やれやれ、またかよと思いながら、同時に懐かしさすら感じ、心の中でお返しします。

「で、あんたはどこで、何と、どんな風に戦ったんだよ？」

「今、あんたがいる現場はどこだよ？」

もちろん、その問いかけは自分自身にも返ってきます。だから問われたら答えます。

「あまり景気のいいことは言えませんが、私は、便利だけど息苦しいこの国（BY鴻上《こうかみ》尚史《しょうじ》）で、言葉を殺そうとしている者たちと、言論で戦っているつもりです。私の政治の現場は色々で、デモにも行きますし、政治家にも会って励ましもしますし、地域では役所にヒヤリングにも行きますが、主として言論の場である机の上です。書いたものは公開しています。実名ゆえのリスクも負っています」と。

私は、かつて、議会内で様々な努力をしている野党に文句ばっかり言っていました。その自分に向かって、今はこう言い聞かせています。「オカダよ、院内でなされる発言の行間を読めよ」と。

たとえば新しく野党第一党になった立憲民主党の枝野幸男《えだのゆきお》代表は、度重なる分裂した他の野党からの「合流」「合併」の誘いに頑として乗らず、「数合わせに終始することなく党勢を拡大する努力を真摯に続ける」と言い続けています。

これを「純粋さにおいて際立つ姿勢」であるとか「原点に立ち戻って志を育てる姿勢」として高く評価する人も多いですし、逆に「いくら孤高の態度をとっても、国会では圧倒的少数の野党であることには変わりがない」と妥協を促す人もいます。

どちらも間違っていませんし、さほどズレてもいません。でも、色々な評価を下す前に少し考えて、切り分けねばならないのです。立ち止まらなければいけないのです。昔の私にはよく分からなかったことでした。しかし、今は少し分かります。

「枝野代表は、院外に向けて出しているメッセージと、院内相手のメッセージを、時と場合と状況によって使い分けているのではないのか?」と。

政治家のステージと、市民運動のステージ

政治家のメッセージは、真っさらな、無菌状態の部屋で発せられるのではありません。よどんだ空気、意地汚い利権、驚くべき志の低さ、飽くなき名誉欲、そういうものをたくさん含む空間で、我々が住むエリアとは異なる力学が働く場所で、そのメッセージは発せられています。

もちろん政治家の言葉は「受け取られ方がすべて」です。どれだけ高尚な言葉も、伝わらねば意味がありません。小泉純一郎《こいずみじゅんいちろう》元総理が「ワンフレーズ・ポリティクス」に転換したのは「そうしないと誰も俺の言うことを聞いてくれないと分かったからだ」という理由からでした。

しかし、同時に政治と関わる我々院外の人間は、各々の現場の事情を理解して、そこへ大人の想像力を駆使して臨《のぞ》み、「その現場の格闘」を評価しなければなりません。そして、ジャーナリズムはそのための素材を提供しなければいけません。

私はそこのところで、これまで政治家の評価を、その理想の「純度」や「清新さ」、あるいは「自分の言葉に正直であるかどうか」という子どもの基準でやってきたのではないかと振り返っています。

もちろん政治は、現場「だけ」に依拠しても間違えます。でも同時に、現場を知らなければ曲がった机一つ元に戻せません。「現場を知らない奴は政治に口を出すな」では困りますが、でも「現場を知ろうとしないで何にも言うな」というのも事実です。ここが政治のむずかしいところです。

政治には色々な現場があることを前提に、自分の現場を探し戦わなければならないと、自分自身に対して戒めています。

もちろん、私はここで「政治の修羅場は素人《しろうと》がどうかできるものではないのだから、それはプロに任せよ」と言いたいのではありません。市民と議員をその社会的身分以外で区別する基準は、さほど簡単には示せません。バッジをつけた途端に素人が玄人《くろうと》になるわけではないからです。

しかし、議員や政治家が踊るステージのルールは、市民運動のそれとは明らかに異なります。だからそれを相互に完全に理解し合うことはできません。その中で、お互いが政治における成熟度を高めていかねばならないのです。

友人を増やす関係を構築する。しかし、従うルールは異なる。そんな中で、政治家を純粋さという基準以外でも評価する言葉を紡いでいく。なかなかむずかしい課題です。でも、両者の違いを理解しつつ、同時に両者が共有するべき態度があります。それは、各々が持つべき「覚悟」とでも言うべきものです。
ここでの切ない課題を明日につなげるために、次章でもう少し話を展開させてみます。

第九章

なぜ私たちは「協力」しあえないのか

すべてが正反対の友人同士

私にはなぜか結構な数の「保守反動」的なお友だちがいます。

かつて、その友人の一人で、大学の教員をやっている男と居酒屋で外国人の選挙権と少子化問題について話し込んだことがありました。彼とは古い付き合いで、通常、同業者とはあまりプライベートでは付き合わない私も、彼とは時々、呑んだりしているのです。

私「……そういえばさぁ、外国人の地方参政権を一切認めないのも変な話だよな?」

友人「いやいや、俺は認めないよ」

私「何で? だって、社会を支え、納税して、そこでの法を遵守《じゅんしゅ》してるんだから、負担応分《おうぶん》の政治的権利はあるだろ？　『代表なくして課税なし』だぜ」
友人「納税者だということは参政権の必要十分条件じゃない。それに加えて国籍が必要だ」
私「俺は政治学徒だから、世の中を社会的機能と現実の要請で考える。少子高齢化の現在、外国人労働者なしじゃ立ち行かない現状をどう考えるのよ？」
友人「だからこそ、そこでちゃんと線引きしないと、そのうち東京はイスラム教風の都市になるぞ」
私「まさか。でも少子化はどうする？　フランスなんか政策で出生率二・〇を超えたぞ。その点、日本政府は無策そのものだ」
友人「ヨーロッパじゃ、今や生まれる子どもの半分は未婚男女の子だ。それで数字を上げてるだけの話じゃないか」
私「未婚じゃダメなのか？」
友人「当たり前だ。だが、近ごろ、非嫡出子《ひちゃくしゅつし》への遺産相続の差別を禁ずる最高裁判決が出たろ？　婚姻主義をかろうじて維持してきた日本も終わりだぜ。時代の流れだが」
私「婚姻主義がそんなに大事か？　家庭制度がそんなに大事か？」

友人「婚姻主義こそが、日本社会の公序良俗の最後の砦だ」
私「そうか？　結婚時に自由に姓を選択できないなんて、世界の周回遅れの遺制だぞ？」

ここまでの会話でもお分かりいただけるように、彼は、外国人の流入、同時に政治的権利付与を拒む、排外主義的な傾向の強い人間であり、かつ社会秩序の基盤は婚姻主義による家族だと考えるゴリゴリの保守人間です。

加えて彼は、何か心を清める時には東京・九段《くだん》にある靖國《やすくに》神社に参拝する男でもあります。私の娘が病気になり手術をした時も「英霊に向かって全快祈願をしてきた」と言ってくれました。

もちろん憲法改正をして、押しつけ憲法は清算するべきだと考え、あの安保法制も合憲だと言っています。だから自衛隊の充実を主張し、国土が狭い日本にとってオスプレイは防衛の切り札だと考えています。沖縄の米軍基地も堅持です（日本を愛することと、日米地位協定が両立するのか、そこは小生にはちょっと不可解なのですが）。

要するに彼は私とは一八〇度考え方が異なると言っても過言ではありません。時々、私に考えが近い友人に「お前は、何であんな保守反動、歩く封建遺制みたいな奴と友人なのか？」と訝られます。「ありゃ名うての右翼だぜ」と。

しかし、（近ごろは彼があまりに多忙で、議論を交わすこともあまりありませんが）私は彼のことを「極悪非道」だと思ったことはありませんし、「畏友《いゆう》」であると思っており、だから政治的判断を理由に友人関係を清算しようなどと、一度も考えたことがありません。

氷山の一角

自分が長い間、本当にには「政治をして」こなかったと反省的に振り返りつつある今日、私は「しょせん政治ですから」というドライな認識をあえて堅持し、友人がどのような政治的信条を持っているかによって、区別しないように心がけています。

もちろん、あからさまな民族差別やヘイトスピーチをして平気な人間とは生涯、友人にはなることはないでしょうし、人間の様々ある属性のうちの一つや二つをとって、それでその人を単一のカテゴリーに押し込めることを常とするような人間への物言いは当然厳しくなります。アホな友人は愛おしいですが、あるレベルを超えて愚劣な者とは付き合えません。

しかしそれを前提として、政治的なスタンスや価値観が異なっているからと言って親密な関係を作れないとはまったく思いません。なぜならば、私は政治的価値観を、どだい人間の持っている価値観の表層部分に過ぎないと考えているからです。ええ、しょせん政治なんですから。

これを政治学の言葉で表現するのはひじょうにむずかしいのですが、およそ人間の心根、あるいは心の「水脈」というものは、政治的言語「だけ」では理解できないものです。政治においてはつねに何かを決断し、限られた選択肢の中から何かを選ばなければいけないわけですから、その選択が自分と違うからといって、その人と自分との間に大きな違いがあるとは限りません。言ってみれば、政治的価値観、政治的選択というのは、心という大きな氷山の一角に過ぎないと思うのです。

つまり、海上に浮かぶ氷の姿だけに惑わされていたら、もっと本質的なところで共有点を見いだして友情を育《はぐく》むことなどはできないと思うのです。それでは政治においても、「多くの仲間を作る」ことはできないでしょう。

言い換えるならば「政治的スタンスとは、ある場面における、個別の判断と決断の表現であり、それゆえその人間の政治的な〝展望〟や〝理想〟とイコールではない」ということになるでしょう。これは、本書の冒頭でも最初に言ったことです。

よく考えてみれば、一人の人間の中でも、夢や理想と現実的判断とは相対立するものではなく、同じ「心の水脈」から流れ出てきたものです。「夢は夢、現実は現実」と切り分けるのではなくて、夢も現実も同じ心の中が産み出したものです。

だとしたら、「現実的判断」が異なる人との間でも夢や理想は共有できるかもしれない。いや、できて不思議はないというのが私の考えるところなのです。

「政策が違う」と友人になれないのか?

二〇一七年の秋に野党第一党が分裂する以前から、与党一強構造に風穴を開け、総理退陣の世論を組織化すべきだという、野党志向の有権者の強い要望を無視できず、ガタピシと軋《きし》む音をたてながらも、野党は共闘を模索してきました。

しかし、当時の前原誠司《まえはらせいじ》代表は、これをなかなか受け容れませんでした。その根拠は「政策の根本が異なる政党とは共闘できない」というものでした。

最大の障害となったのは、共産党の安全保障に対する姿勢だと代表は言いました。「共産党は『日米安保破棄』と言っているから共闘を組むことはできない。そんな共闘は『野合《やごう》』であって、それでは支持者を裏切ることになるし、政権交代を目指すにおいても無責任の誹《そし》りを免れない」ということでした。

たしかに野党の統一を望む人々からすれば、この共産党の『日米安保破棄』という綱領はじくじくと疼《うず》く虫歯のようです。

しかし、一ミリも動ずることがない反共主義者ならともかく（何を言っても「共産党」と言っただけで病的に拒絶する人が本当にいるのです）、政治を見る時に、政治家の言葉の上っ面をそのまま受け取ってよいかと言うと、かならずしもそうではありません。

先にも指摘しましたように、議会の内と外では、政治的メッセージを作る工夫が異なりますから、院内の人間が院内の人間を意識して言うことと、院外に向けた、メディアを通じての言葉遣いが異なるのは当然です。

特に風雲急を告げるタイミングや、まさに事態が胸突《むなつ》き八丁《はっちょう》の最中には、政治家には己の発言がもたらす予想不能の状況変化を恐れて容易にものが言えないこともありますから、言葉は自ずと曖昧になったり、変な含みがあったりすることになります。逆に刺激的な言葉を言っておいてから反応を見るという、いわゆるアドバルーン的発言をすることもあります。

ですから前原元代表が共産党のことを暗に指して「政策の根本が異なる政党とは共闘はできない」と言った真意がどこにあるのかを探るのはけっして容易なことではありません。政治家の発する言葉には二重、三重、四重の意味やメッセージが込められていることがままあるからです。

ところが、本当ならば、そうした含みを持たせたはずのメッセージを一面だけ切り取ってしまうのがメディアです。特に政治部「ムラ」の記者は、使う言葉と目の前の現実が一致しているはずだと思い込む傾向があります。

「野合」批判はどこがおかしいのか

その典型が「政策の不一致」という大雑把な言葉です。共産党とは政策が違う。維新の党とは政策が一致しない。国民民主党の右派とは政策を共有できない。だから共闘できない――というわけです。

この傾向は、合従連衡《がっしょうれんこう》を促す風が永田町を漂い、その風速が上がってくればくるほど、増してきます。政界再編成の結果、多数派ゲームに変化が出ることを恐れる与党の側は、自ら、そしてお抱えのメディアを使って牽制球を投げ、「○○党、野合との批判に苦慮」などという見出しが新聞紙面に頻繁に出てきます。

野党共闘ができる前に潰してしまおうという意図がそこにはありありとうかがえますが、「野合」と言われれば、たしかに政策や綱領が違う者同士が連携するのはなんとなく不純なことのように見えてくるものです。

しかし、冷戦下のイデオロギー対立が過去のものとなった今、現在では与野党ですら基本的政策にはさほどの違いはありません。現に立憲民主党の枝野代表は「我々は昔の自民党で言うと宏池会《こうち》に近い」と言っています。事実、彼の政治スタンスと、与党のレフトウィングに位置付けられる野田聖子《のだせいこ》元総務相のそれは、鈴虫と轡虫《くつわむし》の違い程度です。

そもそも、その自民党も実は単独で集める票だけでは政権を取れませんから、公明党との連携が政権維持には不可欠なのですが、自民党右派と公明党とではその支持層や政策志向など月とすっぽんほどの違いがあります。そういう点で言えば、与党も「政策の不一致」のまま「野合」していることになります。

比例代表の政党名で言えば、二〇%程度の支持しか得られない自民党が七割に迫る議席を得られているのは、ひとえに野党が分裂したままでいるからです。

本気で現政権の打倒を目指し、「分かれなければ勝てるのに!」という気持ちにそって、なおも野党共闘の工夫を模索せねばならないと本気で考えるなら、その障壁となっているこの「政策の不一致」という言葉を克服する必要があるのは言うまでもありません。

「綱領」と「公約」の違い

現在の政治において、野党共闘が手詰まりになっている最大の理由は、私が見るところ、多くの論者たちが政党の「綱領」と「公約」の区別を曖昧にしたまま、ぼんやりと「政策」という言葉で政治の話をし続けているからです。

先ほど述べた野党共闘拒否の理由を例に考えてみます。その理屈は、日本共産党は「日米安保を破棄する」と言っているから、現実の政権運営をするためには、それは受け容れることができないとなります。

日本共産党の綱領の第四章「民主主義革命と民主連合政府」の第一項には次のように書かれています。

「日米安保条約を、条約第十条の手続き（アメリカ政府への通告）によって廃棄し、アメリカ軍とその軍事基地を撤退させる。対等平等の立場に基づく日米友好条約を結ぶ」

たしかにこれをただちに実行に移すというのは誰が見ても困難でしょう。沖縄の小学生の頭上に米軍機の部品が落下しても、強い抗議一つできない現在の日本の状況では、日米安保の破棄など、とうてい不可能な話、ということになってしまいます。

しかし、ここで気をつけてほしいのですが、これは共産党の「公約」ではなくて、「綱領」だということです。

「綱領」とは何かというと、有志（この場合は日本共産党の党員）が集まって、未来に対する夢やビジョンを共有して、ともに歩みだそうという時に作られた、いわば決起の言葉です。つまり、これは日本共産党のメンバーたちがお互いの結束を確かめ合うために作った「内向きの言葉」であると言えます。

これに対して、選挙における「公約」とは外に向かって、つまり有権者に向かって訴えかける言葉です。

二〇〇九年の民主党政権誕生の選挙では「有権者との約束」としてのマニフェストが宣言されました。思い出せば、民主党には最後まで「綱領」がありませんでしたが、マニフェストという名の公約はありました。

では、そのマニフェスト＝公約とは何かというと「我が党が次の選挙までに達成することを約束する立法工程表」に他なりません。

そこには、かつての中選挙区制度において、同じ選挙区で立候補する自民党候補同士の「補助金サービス」合戦によって、選挙公約が限りなく形式的かつ軽くなったという反省を踏まえてのものでした。

だから、民主党は公約という言葉も使わず「マニフェスト」という言葉を使い、「これは単なるかけ声だけでなくて、きちんと次の選挙が来るまでに実現させる政策なのです」というアピールをしようとしたのです。

つまり、「任期満了までの四年間で、これだけのことを実現させてみせます。このマニフェストのうち、どれだけ達成されたかで我が党のパフォーマンスを採点してください」というアピールがそこにありました。

マニフェストは、流行《はや》り廃《すた》りの消費される道具ではなく、今日でも伝統ある英国議会選挙で使われる最も一般的な言葉であり、英国政治制度の中の重要なパーツです。

しかし、当時野党となった自民党はこのことの意味を解すことなく、民主党の使ったこの新しい言葉そのものへの攻撃に終始して、政権復帰後自ら出した公約を再び「ただの曖昧な政策花火のお題目」に戻してしまったばかりか、安倍首相に至っては「マニフェストなどという言葉はもはや恥ずかしくて口にできません」と打ち捨ててしまいました（無知が招いたとは言え、これは英国議会政治への公然たる侮辱です）。

このため時計の針はまたグッと過去に戻ってしまい、公約は今日、あいも変わらず曖昧な「約束なのか工程表なのか理念なのか何なのかさっぱり分からない、誰も読まない、信用できない」虚ろな言葉となってしまっています。

つまりいったい何のために政党が有権者に公約を示すのか、その根本の目的がまたも曖昧になってしまったのです。

四年間でできることリスト

話が長くなってしまいましたが、綱領と公約（マニフェスト）はまったく違います。日本共産党は綱領において「日米安保の破棄」を掲げていますが、それを「今すぐに」「この四年間のうちに」達成すべきゴールだと彼らが考えていると見るのは早計というものです。実際のところ、そんなことが短期間でなしうると考えている政治家は共産党の中にもいないでしょう。

そういったことを「常識」として頭の中において交渉するならば、野党の党首たちは共産党の委員長にこう言うべきでしょう。

「日米安保破棄は綱領でどうぞ主張し続けてください。日本の主権が制限されているという認識において私たちも御党と認識は一致しています。願わくは将来、対等な日米条約を結び直すべきという点でも一致です。でも次の任期の四年間でできることはたかが知れています。まずは隣国の韓国ですら実現した『地位協定の見直し』を共同の公約に掲げませんか。それならば、あなた方の力も借りて、この四年間をかければ外務省も巻き込んで実現することができそうです」

もちろん、その場合、共産党も「わが国の独立を脅かす日米安全保障条約を破棄すべき」などという、その実現のためには何十年もかかりそうなことを、無責任に「公約」として書くべきではありません。そんなことを公約に入れるから、有権者たちは誰も公約を信じなくなるのですから。

政治部記者も、「安保破棄」などと共産党や社民党が公約に書いたら、「それは公約ではなくて、綱領ですよね？　我々が知りたいのは、もし政権交代が起きた時にあなた方が具体的に何に協力するかということです」と質問すべきです。

有権者も、自分が支持する政党がその基本綱領と摩擦音を奏でるような公約を掲げたとしても、「変節だ！　裏切りだ！　失望した！」などと子どものような潔癖主義の反応をする前に、「四年間あればもっとできるはずだ」、あるいは「そこはハードルが高いからもう少し漸進的でもよくないか？」とあくまでも具体的に考え、提言し、そして見守るべきでしょう。

輝く理想の「綱領」と、「四年間でギリギリできそうな政策協力目標」を切り分けないと、我々はこの社会にある各々の組織とパワーを引き出すことができません。つまり永遠に日本版「オリーブの木」（かつてイタリアで右派ベルルスコーニ政権に対抗するために左派が団結した時の呼称で、共闘するための組織）など作れません。

議会政治において、野党とは現行政権を打倒するために存在するのだから、やるべき仕事は「政権交代の後にやるべきことを詰める」こと以外にありません。「共闘はするが、我が党の独自性は少しも失わないものに限る」などという、寝言に引きずられることではないのです。

事実、今の共産党は過去の武装共産党時代のように「安保破棄を即実行し、革命軍を組織し、武力革命に撃って出る」という現実目標などないのですから、広い支持者を獲得できる「公約作り」は十分可能であるはずです。

部分を全体へとまとめる作業目標

政党は英語では〝political party〟と言いますが、この党（party）という言葉の語源は「部分」（part）です。

政治学の教科書で言うと、政党は「社会的部分利益の集約と表出」という社会的機能を担うものと期待されています。もっと分かりやすく言うと、政党とは本来、社会の中で同じ利害を持つ人たちが集まった集団で、だからこそ、社会の一パーツでしかないという位置付けをされるわけです。

事実、近代のような国民国家ができるまでは、貴族たち、聖職者たち、ブルジョアジーたちといった具合に、それぞれの社会階層の人たちがそれぞれに集まって、自分たちの要求を主張していたのです。それが政党の始まりです。

しかし、それではてんでんばらばらで、話がまとまりませんから、そこで近代議会の諸ルールが生まれました。国民議会では、それぞれの利益集団（党）が集まり、その甲論乙駁《こうろんおつばく》の中から国民全体に及ぶ「公共の利益」を追求しようということになったのです。

議会は単に多数決をするための場所ではありません。「私の言い分」をたくさん集める中で、「私たち全体の幸せの道筋」を見出すという、崇高な使命があるのです。多数決はそのための一手段にすぎません。

ですから、各政党がそれぞれに相容れない「綱領」を持っているのは、議会制の成り立ちから考えれば当然のことです。それぞれの政党はみなパーツなのです。しかし、パーツがいくつもあって、それで社会が成り立っているということはある意味、その社会が健全であるということも意味します。

二〇世紀の共産主義体制を目指す国家には事実上、政党は一つしかありませんでした。革命の大義とシナリオは「正しいものが一つだけある」ということになっていたからです。一つの正義しかないなら政党は複数必要ありません。でも私たちの民主政治は、この社会には複数の利益があり、複数の正義があるという考えを前提にしています。

でも、それがただ政党の数だけ〝並立〟するだけでは「我々の最大公約数としての利益」を構築する道筋はできません。だから我々には協力体制を構築する「道具」としての公約が必要なのです。

政治家も有権者もメディアも、綱領と公約の意味の違いを肝に銘じて、複数の政党(parties)の協力を通じて、〝We All(みんな)〟の利益になるための品揃え(選択肢)を準備しなければならないのです。

私たちが守るべきは「政党」なのか?

もちろんこれは、二大政党を作れとか、三党制が好ましいということを言っているのではありません。

これは他の野党にも言いたいことではあるのですが、ことに共産党の人たちに言いたいのは、もし独善の果ての孤高なる全敗と消滅を良しとしないならば、一〇〇年近く続く輝く栄光の理想と、必死に鍛えてきた綱領はきちんと維持したまま、いわば天敵であるような反共主義者すら翻意させることができるほどの「具体的かつ実現可能性のある四年間の工程表」を示さねばならないということです。

高齢化した、思いを重ね続けてきた党員こそ柔軟に考え、自分たちの死後、若い共産党員がこの社会から必要とされる存在であり続けるために、このことを理解せねばなりません。

なぜならば、我々が死守せんとしているのは政党そのものではなく、議会政治だからです。極端な話、政党など議会と民主政治が生き残るために使用する、ただの道具にすぎません。

多くの人たちは、こんな民主政治の基礎中の基礎の話に「今さらそんなことを」と思うかもしれません。でも、もし我々の民主政治が新憲法を手にしてから七〇年を超えても、こうした基本の基本ができていないと気付いたならば、躊躇《ちゅうちょ》する必要はありません。

私はこの二〇年で、社会党が消滅し、民主党が第三極として成長し、そしてまた四分五裂する流れを見てきました。それを思い返すにつけ、やはり自分は長いこと綱領と公約の切り分けすらできない、子ども同然のレベルだったのだと今は身にしみて感じています。

政治をちゃんと「する」ためには、最悪の事態を避けるためには、ショートスパンで協力できる道筋を淡々とその都度模索することが必要です。なぜならば、我々がやっているのは、キラキラとした理想を響き渡らせることであるのと同時に、「それを目の前で今、阻《はば》もうとしているもの」を取り除くための作業だからです。

立場を超えて共有できるものを探す

民主主義を破壊しかねないリーダーが登場し、彼らを早く退場させなければならないと考えるなら、それを政治的目標の最優先課題として首尾よく実現させなければ自分たちの存続そのものが危ういと腹を括らねばなりません。

でも、その超えねばならないハードルは、私と冒頭の保守的な友人の間にある政策的な溝を超えることと比べれば、そんなに高くはないと思います。異なる価値観の底を流れる共通の水脈には「民主政治は守られねばならない」という思いがあると信じているからです。

保守反動の誇りを受ける我が友は、その心根のところを可能な限りたどれば、正直で、誠実で、他者のために配慮を欠かすことなく、高い教育を受けた者の責任を果たそうと激務に身を粉にし、誰かが引き受けねばならない砂を噛むような虚しい仕事も淡々とこなす、そして誰よりも家族を深く愛する男です。

安保法制や憲法に対するスタンスも、巡《めぐ》り巡って「我が愛する者たちを、責任を持って守ろうとする」気持ちを、数あるその表現制度の一つから、彼なりに選択したものなのだと思います。

靖國神社に英霊がいて、彼らが現世の我々を守っていてくれるのだという信条も、「人間には、最後の最後までは理《ことわり》によって詰めることができない、自分たちを超える力というものがあるはずだ」という、世界を正しく畏怖する根源的な謙虚さを示すための、彼が見てきた風景、彼が経てきた苦難、そして彼が愛する者たちと分かち持ってきた制度や慣習の選択なのかもしれません。


もちろん、その選択は、私が選ぶ方法とは異なります。ほぼ同じ目的を持ちながらも、私は彼のような方法選択をしません。

私は、近代の軍隊の中にある、組織維持を自己目的化させてしまう習性や、敗戦と占領をはさんで、短い近代民主政治の歴史しか持たず、それゆえに主権意識を毅然《きぜん》と行使できない今の日本人の在り方や、今なお続くエリートの宿痾《しゅくあ》である「無責任体制」といった状況を見る限り、現時点においては「集団的自衛権」を行使する前提条件が不充分だという判断をしています。

もちろん、外国からの理不尽な侵略に対しては、毅然として立ち上がり、愛する者たちを守ろうと、合理的かつ意味ある抵抗をする気概を堅持したいと考えますが、しかし、靖國神社がA級戦犯を合祀《ごうし》していることや、戦没者たちの個々の信仰を無視して一括して「英霊」として祀《まつ》る、そのやり方には納得できません。

しかし、私は同時に人知を超えた何らかの力の前にたたずみ、人生における判断の根拠を十全に得られない時に、じっと目を閉じ死者たちの声に耳を傾けるべきだという気持ちを忘れたことはありません。

かように彼と私は心の水脈において、共有するものを持っていると思うのです。

保守を自称する彼と、「保守する対象と方法が微妙に異なる」私は、我々を取り巻く諸条件のもとでは、なおも各々の政治、政策判断は相変わらず対立するでしょう。そして彼がシンパシーを持つ政党が少しでも政治的影響力を低下させるように、私は日常から努力を惜しまないかもしれません。

でも、もし我々の共有する大切なものが危機に瀕し、それをある条件のもとで回避しなければならない事態に直面した時、彼がどの政党を支持しているのか、彼がどのような憲法改正を夢見ているかは、危機への対応のために考慮するものの優先順位の中では下位になるはずです。その意味で彼と私は「政治的な連携」をする可能性を残しているのです。

であるとするならば、人々の人生と生活により大きな、そして直接的な影響を与える政治家、そして彼らを選ぶ立場の私たちは、なおさらです。

己の輝く理想ではなく、一定期間の実現可能な工程表を作成し、それをもって政治的な友人関係を構築して、それを社会に示すこと、つまり本当の意味での「政治」をなすべきだと私は思うのです。

これまでの私は、こういう風に「政治」を考えることがなかなかできませんでした。しかし、今、私は政治と思想の関係を淡々と認め、それを腹に据え、謙虚に友人に語りかけ、きちんと覚悟を持って決定や決断をする大人になりたいと考えているのです。

第十章　現実に立ち向かうための「リアリズム」

大人になるとは現実に追従することではない

私は、自分の未成熟と政治的失敗を省みながら「大人にならなきゃ連戦連敗が運命づけられる」と自分に言い聞かせてきました。

そこで、この本をここまで読んできた皆さんは「要するに、清濁併せ呑んだ『オトナ』になって面倒臭いことをやり過ごせる要領のよい人間になれ」と私が言っているのだと思っているかもしれません。しかし、私はそんなことを言いたいのではありません。

私が「大人にならねばいけない」と言っている意味は、換言すれば「政治的なリアリズムを身につけねばならない」ということです。

リアリズムとは、日本の学校風の翻訳で言えば「現実主義」となるのでしょう。それは漠然と言えば「理想より現実を重んじる立場」くらいなのかもしれません。

しかし、この現実主義という言葉ほど誤解されている言葉はありません。私たちの生きる日本社会では、現実主義とは、即「既成事実屈服主義」という意味になるからです。

既成事実とはすでに起こってしまっていて、広くそれが承認されていることになっている（あるいは、そういう「空気」を察知・忖度した結果の）「現実」で、この言葉には「すでに起きてしまったことは、そのまま受け容れるべきなのだ」という、一見客観的で冷静のようであるけど、実は価値判断が巧妙かつ乱暴に入り込んでいます。起きたことなの「だから」当然のように承認される「べき」なのだという、丁寧に考えれば実に杜撰《ずさん》な物言いであると分かります。脳内の何かを停止させている言い方です。

ここに含まれている前提は、実は簡単です。

それは「起きてしまったことはもうどうすることもできない」ということです。もちろん天から雨が降ってきてしまって、地面を濡らしていることは、「もうすでに起きたこと」なの「だから」、それをもう一度雲に戻すことはできないのは当然です。

それになぞらえて、多くの人は「もうすでに起きたことなのだからどうしようもない」という前提で、お天道様ではなく、この浮世の人がやったことまでも、「しかた」が「ない」と考える習慣を身につけているのです。

しかし、財務官僚が総理大臣によってひどい人事査定をされることを恐れて、「みなまで言うな」と言われているのだと萎縮して、先回りして行政文章を改竄したという事件は、「起きてしまった」から「もうどうしようもないこと」ではありません。

一五〇年間積み上げてきた日本の統治エリートへの信頼を木っ端微塵にするようなことをしたのですから、その圧力に負けた人たちをルールに則《のっと》って罰し、それを命じた者たちに責任を取らせ（総辞職、議員辞職）、今後、二度と同じようなことが起きないように厳正なるルールを再整備すればよいのです。「起きてしまったこと」にも対処のしかたはあるのです。

また、四十数年間維持してきた憲法解釈の枠組みを、わずか数分の形式的閣議によって解釈変更してしまったという出来事についても、「もう起こってしまったことなのだから、今さらどうすることもできない」ことではありません。

どれだけ大切な段取りが公然と無視されて、憲法解釈が捻じ曲げられたのかを克明に跡付け、この先、こうした横暴な政治家が高い地位についても、憲法の存在意義をほとんど理解していない首相が現われても、最悪の事態を避けるシステムを構築すればよいのです。

いずれも、人為によってなされた以上、それは誤りであったと宣言し、過去に遡《さかのぼ》って修正し、起こる前の状態に戻すことが可能な「事実」です。

つまり、政治における「現実主義」というものは、「現実とは修正して、変更し、改善できるものだ」という前提を含んでいます。

それは、政治がひたすら「人為」に基づく行動だからです。巨大な台風は「自然」ですから消してしまうことはできません。しかし、政治は人の行ないである以上、それを修正することが可能なのです。言わずもがなですが。

インドの独立指導者ガンジー風の言い方をすれば、世界によって自分が変えられてしまわないように、我々は世界を変えなくてはなりません。そのためにこそリアリズムが必要であり、そのリアリズムを得るために政治的に成熟しないといけないのです。

「思い」を血肉化させる

「私は世界によっては容易には変えられない」という毅然とした気持ちを支えるものは「信念（belief）」や「思想（idea）」です。

これらの普段、それほど頻繁に使うわけでもない言葉を聞くと、そこには「不動の」とか「折れることのない」という、おごそかな形容語が浮かぶかもしれません。そのイメージで言うと、信念とは「頑として動かないもの」となります。「頑迷」までもう後ちょっとです。肩に力が入ります。

でも私が考える信念とは、謙虚な自己懐疑と丁寧な自己確認の繰り返しによって維持され、成長を促されるものです。ざっくり言ってしまえば「ほんとにそれでいいのかなぁ」と「やっぱりそうだよな」の間で振り子のように揺れるものが、信念や思想というものです。

これは、「思想に筋肉がつけられる道筋」と言い換えてもいいでしょう。

では「思想に筋肉がつく」とはどういうことでしょうか?

それは自分の思いが「血肉化する」ということです。つまりそれが身体化されるということです。

これは単なる「思い込み」とは異なります（もちろんこのプロセスは「思い込み」から始まります）。

なぜならば、ただの思い込みとは、苦しさや不都合から逃れるための「避難」行為だからです。人は思い込みます。なぜならそう思うことが、曖昧な心中に一時期、解答を与えてくれるような気がして、少し気持ちが楽になったり、もうそこに向かい合わなくてもよくなったり、頭の中では「もう終わった案件」にさせたりすることができるからです。思い込みは意識的になされる場合もありますが、苦しい中、意識することなく、ついついそうなってしまう場合もあります。

人は、自分が考えていることが現実と調和しない時に、現実のほうを棚に上げたり、なかったことにしたりします。

そこで起きるのは「閉じこもり」と「無節操な転向」です。前者は現実との回路を断ち切ることで、現実のほうが間違いで、自分の考えのほうが正しいと思い込むことです。後者は、自分の考えと現実とのずれを解消してくれる、便利な言葉や理屈を探し、それにしがみつくことです。

たとえば、たびたび引き合いに出します鶴見俊輔の父親は、戦前の高級官僚・政治家、そしてあの翼賛政治会の重鎮として戦争に協力した鶴見祐輔《ゆうすけ》でした。父の祐輔は天皇の玉《ぎょく》音《おん》放送を聞いた途端、「自分は英米法学科を出ているから、占領軍に何か役に立つ仕事ができるかもしれない」と言い放ちました。息子・俊輔は、この「心中葛藤ゼロ」の父親を心の底から軽蔑しました。

何かを信じた上で、現実と向き合うという行為はかならず苦しみを伴います。

なぜならば、現実はつねに人間の思いを軽々と裏切り続けていくからです。自分が考えたように他人は動いてはくれないし、自分が想定していないレベルの悪意や誤解や無関心に直面もします。それが個人の枠を超えて国家や社会という集団レベルになるとなおさらのことです。

そういう中で、信念を持ち続けるためには、どんなに苦しくても、どれだけ現実に裏切られても、それまで持っていた己の思いを「なかったこと」にできない以上、そこから無節操にジャンプすることなく、あくまでも目の前の現実の中から、なおも自分の信念を正しいとする根拠とロジックを探し続けなければなりません。

自分はこの戦争が正しいと思った。

しかし、おびただしい数の人間の生活と人生を奪い、政治的にも道義的にも敗北したことが明らかになった。マッカーサーがやってきて、新しい民主主義が導入されるだろうが、「それと自分の関係」をどうやって結びつけていくべきかは、自分がこれまで作り上げてきた「思い込み」をいったん解体して、もう一度新しい価値や制度とすり合わせをしながら積み上げるしかない。それはかならずしも自分の思いと整合しないものを突きつけられる作業だが、己と思想へのギリギリの誠実さは、最低でもこうする以外には担保されようがない。

そういう視線を下げた深呼吸が「思い」を血肉化させることにつながると思うのです。

言うまでもなく、そういう心の作業はけっして一朝一夕に完成するわけではありません。

思想には「学びほぐし」の連続が必要だ

私はその作業を「学びほぐす（unlearn）」こと、という風に定義しています。

この言葉は、先ほどの息子・鶴見俊輔が戦前アメリカ留学中にヘレン・ケラーから受け取った言葉です。

盲《もう》・聾《ろう》・唖《あ》の三重苦で知られるヘレン・ケラーは「私は大学でたくさんのことを学んだが、その後、たくさん学びほぐさなければならなかった」と言っていますが、それを鶴見は「知識は大切だが、覚えるだけではなく、それを学びほぐしたものだけが血となり肉となる」と言い換えています（鶴見俊輔編著『新しい風土記へ』朝日新書、二〇一〇年、五一～五二頁）。

「学びほぐす」とは、一度は身につけた信念を現実との葛藤の中で解きほぐして、もう一度また新しい認識へと昇華させることです。繰り返し、「本当にそれでいいのだろうか？」

と己に問い、「かりに現実がもっと厳しく矛盾していても、自分はその考えを手放さないだろうか？」と問い続けることで、人は思想をより強靭なものにしていけるというのがヘレン・ケラーの言いたかったことです。

それゆえ、「学びほぐし」とは、必然的に止まることのない、ダイナミックな行ないであり、その行ないを続けている限りは、自分はそうそう簡単に世界によって変えられないということの保証にもなるのです。

そうした絶え間ない問いかけが産み出す信念を基礎にした時、人はその思想に引きずられたり、縛られたりするのではなく、逆にそこを手放すことなく、そこへの道筋を粘り強く構想するための現実条件を、正確に評価したり、選択したりすることができるようになります。なぜなら絶え間ないその格闘の末に手に入れた経験と知見は、ものごとを認識する精度を高めてくれるからです。

しかしながら多くの人は、自分を取り囲む世界が激変してしまった時に、その現実のほうに降伏してしまい、「これまでのことは夢か幻であったのだ」というリセットを行なってしまいがちです。

ナチスが台頭し、もはやコントロールしづらくなった時のドイツ国民、真珠湾攻撃が行なわれた後の日本人など、そのような例は歴史上に枚挙《まいきょ》に遑《いとま》がありません。

この転換と調整作業を、より少ない葛藤であっという間に、そして器用にやってのける人間のことを、私は「学校秀才」と呼んでいます。

彼らは学校での勉強競争には勝利し続けてきましたが、少しでも自分の身につけた教科書や常識と矛盾したり対立したりする現実に直面すると、ただちに「不戦敗」を脳内で宣言し、速《すみ》やかに新しい教則本や規範に適応して、己の優柔不断を合理化します。それが自分と向き合わずに済む、最も簡単な方法だからです。

そして、こうした学校秀才たちはあまりにも頻繁に自己合理化をするため、自分が現実との間で葛藤しているということすら分からなくなってしまうのです。

このような基盤なき現実主義がどれだけの無責任体制を作っていくかは、この一〇〇年の歴史を振り返れば容易に予想ができます。それは現在進行中だからです。

ただ、彼らの責任を薄めるつもりはありませんが、これは学校秀才だけの問題ではないのかもしれません。こうした「新しいルールへの追従傾向」は広く日本の社会に散見される思考習慣のようにも思われます。

信念が支え、でもそれに引きずられない政治

私は、「自分の気持ちなど二の次でよいと思って政治がしたい」と言いました。「お前さんの気持ちなんて、どうでもいいんだよ」と友人を突き放しました。

しかし、それはとにかく目の前の現実に対応するために、つまらないこだわりを排せと言ったのではありません。そうではなくて、自分の心情に正直になれば、その時は楽になるかもしれないけれども、それが回り回って、自分が生きにくい世の中に結びつくかもしれないと警告をしたかったのです。

あなたが自分の気持ちに正直になって、選挙において棄権をしたり、白票を投じたりすれば、それによってあなたが本当は支持したくない政党（具体的に言えば、多数党であり、与党）を喜ばせることになると言いたかったのです。

しかし、だからといって人間の個々の「気持ち」を全否定してしまうのであれば、政治をする必要はありません。

世界はこうあってほしい、隣人とはこういう世界を享受したい、悪しき習慣と制度を、より人間を解放する仕組みに変えてほしいと願う欲望こそが、政治を起動させる源になる

からです。もしそれがないなら、政治など積極的にはやらなくていいとなります。「俺にとって世界はこういうものであってほしい」という気持ちがないなら、わざわざデモに行く必要もないし、本を読まずに街でポケモン探しをしていればよいし、新聞など野菜の包み紙かハエ叩きに使えばいいのです。

しかし、大事にしたい「気持ち」を実現し、それを他者と享受するためには、自分の気持ちそのままにいるのでは他者と力を合わせることにはなりません。冷静に状況を把握し、政治の非情さと無慈悲さを、人間の条件として受け止めながら、苦悩と発見の往復運動に支えられた信念に基づくリアリズムを抱え持つことが必要です。

信念なき政治は、自他の持つ利権に容易に、そして抵抗なく引きずられます。その時、彼らが呼称する「リアリズム」とは、最初にも言った「既成事実屈服主義」に他なりませんし、また、目的のためならば手段を選ばないという「俗流マキャベリズム」に堕することになります。

しかし、だからといって信念に殉じる政治がよいかというと、それは最初から現実との戦いを放棄した「敗北主義」に閉じこもることになります。それは自爆上等の中央突破で、明日につながらないナルシシズムです。

人間は、原理原則を守るために生きているのではありません。自分自身が大切にしているものを守るためには、心の中に抱いている原理や理想からすると「セカンドベスト」かもしれない選択をしないといけない場合のほうがずっと多いのです。

しかし、それを選んだからといって、人生が台無しになるわけではありません。なぜならば、セカンドベストを選ぶという苦渋の選択をする中で鍛えられた自分が、そこにはあるからです。

思想を行動へと翻訳するということ

私は、どれだけ欠点だらけであろうと、できの悪いシステムであろうと、それ以外に人間の社会が暗黒になることを避けるやり方が見つからない以上、「延長含めて一二〇分戦った後のPK戦での薄氷の勝利」くらいのギリギリ感で、デモクラシーを「思想として」信奉しています(拙著『デモクラシーは、仁義である』、角川新書)。

人間は政治的判断をかならず間違え、失敗を避けることができません。だからそれを振り返り、未来に活かすためには、ものを言う空間を自由に風通しよくしておき、あまり見たくない失敗の事実もきちんと記録し、どのような決定であっても「それは自分たちがした決定だ」ということをハートに刻み付けて、その教訓を現在と未来の人間が共有できるようにしておくことが絶対に必要です。
「デモクラシーが我々にはどうしても必要なのだ」という確信は、そうした学びほぐしの中でこそ生まれたものだったのです。

しかし、そうした思いを「語りたいように語る」だけでは、それは「思想」的営みで終わってしまいます。この思想を「政治」という次元につなげていくことが何よりも肝要です。

私の本を読んでデモクラシーに目覚めて選挙に行くようになった、という人がいればそれはそれで本当に嬉しいですが、それにとどまらず、私の思いを受けて得た「なるほどね」という納得を、「それじゃこういう風に政治に参加しよう」という工夫に転換してもらえれば、これほどありがたいことはありません。

たとえば、
「今こそ、特定秘密保護法を廃止せよ！」とだけ言って終わりにしないで、
「次の政権に影響を与える可能性のある政党に、政府を暴走させないための世界標準〝ツ

ワネ原則〟を盛り込ませた改正特定秘密保護法案を作り、それをマニフェストに書くよう呼びかける」ことで、少し「政治」になります。

「立法事実（この法律が必要であることを示す事態）のない暗黒の法律をなくすために、市民が立ち上がりましょう！」とだけ言って爽やかな気持ちになるのではなく、

「共謀罪における適用刑法犯罪を今の二〇分の一にまで削減する」、「テロ対策に本当に役に立つ法律を整備し直し、現行共謀罪の廃止法案を出すという公約を全野党に書かせるために、全野党の議員事務所と支部組織に一日一〇本電話とファクスを送りましょう」と呼びかけると、また少し「政治」になります。

扱っている内容は硬いですが、少しでも「政治」に近づけるという工夫は、ＰＴＡの世界の中ではもうやっています。

「オフィスでフルタイム・ワーカーをやっているママパパが保護者の七割近くになっちゃったから、ＰＴＡ役員会の会合は全部土曜日開催にします！」と、パートタイム・

ワーカーや専業主婦の役員に正論ばかりを突きつけても、PTAにある色々な力を引き出すことはできません。だからこのメッセージは翻訳しなければいけません。

「フルタイムの人もそうでない人も、それぞれの利点を活かしてPTAのパワーにするためには、年間の役員会の半分は土曜日開催、しかも午前中は子どもが学校にいる登校日に設定しましょう。もう半分は、下の子を幼稚園に送り届けた後の、生活動線を乱さない、平日の九時三〇分からにしましょう。重要な話以外は、メールやサイボウズで確認できるし、仕事のある人は無理にスケジューリングしないでいいです。介護や子どもの発熱となれば、そもそもお休みしてもらって構わないんだから、みんな肩の力を抜いて、楽しくやりましょう！」と。

これを「いちおう役員になったんだから、ちょっとは無理してやってもらわないと困るって、あたし言いましたよね？　引き継ぎの時。じゃないとPTAまわらないですよ」と言うと、もう友人も作れませんし、それが理由となってPTA世界には重い風が吹きはじめます。

でも、ほとんどのママやパパは、これを生活の中で相当上手にやっています。そして私はいつもそこから学んでいるのです。

時には敵対者まで友だちにすべし

特定秘密保護法や共謀罪関係の問題で、野党全党で足並みをそろえたところで、選挙ではまったくアピールできないし、そもそもそういう政策については、ほとんどの有権者がピンと来ないようだと判断したら、議会で過半数を取るための作戦は、そうした重要案件すら一時棚に上げて、「ゼニカネ」の問題（消費税、年金、雇用）を中心に立てることになります。

人々の日々の悩みや不安や不満にもっと確実に寄り添えるメッセージを送るということです。図式的に敵対関係にある人たちだって、この問題では寄り添える可能性が高いからです。

その時には、「何の議論もしないで、自民党に協力して特定秘密保護法や共謀罪を通して、憲法すら捻じ曲げようとしている政党とは、友だちなんかになりたくないわ」という心情は、何とか奥歯をかんでこらえて封印し、「高齢者、女性、格差社会で苦労なさっている方々、そうした人たちをたくさん抱える創価学会と公明党の皆さん」の心が開かれるように、「同じご苦労を私たちと共有していますね。なんとか協力したいものです」と呼びかける。そういう言葉と立ち居振る舞いが必要です。心は晴れませんが。

先に行なわれた沖縄県知事選挙では、無原則にひたすら政権党に協力する公明党を悪し様に攻撃をすることなく、「オール沖縄でウチナーンチュ一人ひとりを大切にしよう！」と訴えたことで、相当な比率の創価学会員の皆さんが、上から言われた知事候補に投票せず、玉城《たまき》デニー候補は圧勝しました（原因はもちろんそれだけではないですが）。これは大きなヒントです。

もし重要政策で同じ方向性を共有するなら、自民党の中でも最もリベラル寄りの宏池会系議員と連帯することも、一つの政治判断です。「自公なんかと手を組めない！」とひたすら叫んでも、事態の悪化を止められないからです。

自民党の数少ない良識派の頭にあるのは、「どうしたら安倍総理を支えられるか」ではなく、政策の内容でもなく「次の選挙とカネの心配」ですから、彼らに安心感を与えてあげれば、腰の一つも浮かせるかもしれません。

そのためには、「自民党宏池会は、いったい何のためにこの地上に存在するのか！恥を知れ！　そんなに安倍が怖いのか！」と糾弾するのではなく、彼らが動きやすくしてやる工夫が必要です。この半世紀、政治が変わった時はつねに自民党が割れた時だからです。

たとえば、財界に行っても埒《らち》が明かないなら、大金持ちの旧民主党元総理大臣（何度も引き合いにして申し訳ないのですが）の御殿に、野党の重鎮が雁首《がんくび》並べて土下座に出かけ（これは隠密行動で）、「選挙が心配でがんじがらめになっている自民党の反安倍派をとりあえず二〇人仲間にしたいので、選挙費用も含めて一人三億、合わせて六〇億の借金をしたいのですが」とお願いしてこい、と「労組、各種団体、党員組織、その他無視できない集団」が圧力をかけるように促す――などができればもうそれは、「思い」を抜け出た、そして確実にそれに下支えされた政治になりえます。

またまたPTAの話に置き換えると、「専業主婦ママ＆自営業パパ連合」と「オフィス・ワーカー・ママパパ組」が、もしハブとマングースのように対立し、敵対し合ってしまった時には、さすがに調停するのは大変でしょう。

それでもこの先、同じ中学校にも通わせたり、近所としてそれなりに協力し合ったりしなければならないと思えば、相手方グループの中に複数含まれている「同じ幼稚園のママパパ友」と飲み会をやって、相手とのブリッジとなり、お互いの本音や「言葉尻をとらえず聞けば心が開かれる気持ち」を伝え合って、子どもが安心して学校生活を送れるための協力という正しい筋を確認し合うことだってできます。

それを一生懸命やっている人もいますし、たとえしこりは残っても、それはさほど深刻な事態を産み出すことがありません。目的は、友人を増やしてお互いの力を引き出し合うことなのですから。

使いこなすべき友人としての「官僚」

そして、これが私が最も言いたいことの一つでもあるのですが、本当の意味での「現実主義」を発揮していただきたいのは、何といっても原子力発電所の問題です。

数万年先にならないと無害化しないような放射性物質の保管計画を、わずか数年先の見通ししか持たずに、気が遠くなるほど先の子孫に負の遺産を平気で押しつける原子力発電の反道徳性を、私は「思想的に」どうしても容認できません。

しかし、これを心根で共有しているはずのたくさんの人々と「政治的」に連帯できるようにするためには、この思いを「友人作りのための言葉」へと翻訳させねばなりません。

原発がなくなって、雇用が失われ、生活や未来に不安が生ずる大量の人々を安心させるためにも、政府には、廃炉や除染によって雇用を維持し、人々をなだらかに支えながら、この二〇世紀の愚行を安全に終わらせる技術を練り上げ、世界に向けて提供するという「軟着陸」構想が必要です。

「全原発、即時全廃！」と正論を突きつければ、原発関連で生きる人たちは全員もう政治の友だちになる可能性がなくなります。「原発は未来を奪う道義的悪なのです！」は正しいです。でもその言い方では政治になりません。

友人を増やすためにやることは、廃炉技術者育成のための援助をすること、具体的には各種の補助金を現在の一〇倍拠出し、大学の原子力関連専門学科の定員を四倍増にすること、そして経産省キャリアの天下り先も当面目をつぶって維持し、原子力ムラの利権の足場と方向を変えるプランを、つまり「彼らも何とか乗れるシナリオ」を、政党の政権公約に設定することです。

そうでないと、情報を独占している官僚を友人にできません。官僚は人事を握られると、どんなに無理筋な命令を下されても、自己保身に走り、忖度と記憶喪失に埋没するという習性を持っています。それは、官僚の持つ「生理」です（だからそれでよいなどとは言いませんが）。

でも「過去は問わない。失敗の責任は政治家がとる。これから優秀な頭脳を使ってくれ」と言われると、彼らは素晴らしい能力を発揮する人たちです。

彼らだって、自分たちの働きが人々を幸福にしているという自負があれば、相当な努力をしてくれるのです。「鼻持ちならない優等生」に対する色々な心情は封印して、彼らを正しく利用せねばなりません。

同じように、税制改革、雇用政策、教育政策、少子高齢化対策などにおいても、キラキラと輝く理念と、ままならない現実を「対立」させるのではなく、同じ理念にたどり着くための道筋を、その実現可能性の水準ごとに切り分け、時間で分けて「最も友人が増えそうな設定」を念頭に、政治的判断へと翻訳させることが必要です。

ここに示してきた「政治」は、もちろん最適解ではありません。ラフに考えた、いくつかの発想の例です。やや刺激の強い事例を想定したのは、政治の持つ可能性を少しでも広げてもらいたかったからです。

もしこれを私が実際に提案していると受け取られたら、私は、特定秘密保護法や共謀罪や憲法解釈改変を全部棚に上げて、瑣末《さまつ》なるゼニカネに拘泥《こうでい》し、無原則な連立維持に邁進する政党にすら秋波《しゅうは》を送り、巨大与党から仲間を連れてくる、そして霞が関の利権ムラすら容認する、とんでもなく魂を売った御用政治学者と断罪されるかもしれません。

何しろ、「目をつぶって鼻をつまんで、自民党を一つでも負かすために希望の党でも投票するべきだ」と言っただけで、私から離れていった人もいるのが、左派・リベラル陣営ですから。

しかし、これまでならそう考えがちだったけれど、今や「本当に失ってはならないもの」を守るためには、岡田が言うように上手な喧嘩をしなければいけないのだ、と立ち止まってくれる友人が一人でもいれば、少しは報われるというものです。

現実に引きずりまわされず、思いを学びほぐしながら、それを胸に、友人を増やす。

そのためになすべきこと、なせること、まだなせていないこと、私たちの目の前にはそれらがたくさんあります。

エピローグ　政治に「進歩」はあるのか

プラトンたちの問いかけるもの

私には、かつて学生時代に師として仰いだ政治学者たちがいました。そして彼らはそれぞれに巨大な宿題を「子ども」の私に遺して、今は鬼籍にあります。

彼らが遺した宿題とは「政治には進歩がありうるのか?」という問いです。言い換えれば、政治において人間は成熟しうるのかということです。

私は、本書でこれまでに、政治と道徳・思想を区別して、善悪の二分法から抜け出し、己の正直さに逃げ込むことなく、「決める」ことの厳しさと、宿命としての「政治の失敗」を引き受け、他者の心を溶かし開く言葉を選び、切実な生活に関わる課題を優先することの必要性と、仲間の各々の役割を理解し区別しつつ、今日の協力と未来の夢を切り分けて、既成事実に簡単に白旗を掲げずに、粘り強く思いを鍛えて、とにかく一人でも多くの友人を増やす努力こそが「政治をすること」なのだと言ってきました。

私が学生時代から今もなお向かい合おうとしているこの問題に対して、先人たちは何か答えを出していたのでしょうか？

古代ギリシャにおいて、若きプラトンは師ソクラテスを裁判を通じて死に追いやったアテネの民衆を呪い、それを克服する哲人王の育成に、ポリス（都市国家）の未来を賭けました。彼の構想は、アテネの進歩を生んだのでしょうか？

近代ヨーロッパでは、暴力を独占する君主が人々の「頭をかち割る」代わりに、自立的なブルジョア階級が横並びの関係で、議会での「頭数をそろえる」ことを通じて、意思決定をなす制度を作りました。これは、「流血ではなく言葉を紡ぐ」という政治における成熟だったのでしょうか？

終日肉体労働に身を挺す、財産を持たない人間には、公共的な問題へ関わる根拠がないとして、ブルジョアジーから政治参加を拒まれた労働者は、様々な社会発展の後押しを受けて、「働いて社会を下支えする者たちこそ真の公共性を体現する」ということを、過酷な運動を通じて社会通念にさせました。これは政治の発展だったのでしょうか？

牧歌的な一九世紀までの戦争を、国家のあらゆる社会的資源を独占的に動員して行なわれる大規模殺戮へと変えた、二〇世紀の二つの世界大戦後、世界のリーダーは、その経験と現実を踏まえ、他国を安易に侵略できないシステムを実現したのでしょうか？

一九四一年、合理と科学に依拠した、しがらみなき若き俊秀が集められた「総力戦研究所」において日米戦争シミュレーションがなされました。そこで得た「日本必敗」の結論を、開戦を決断した戦争最高責任者たちは「机上《きじょう》の戦争は現実とは違う」と却下しました。若き俊秀が残した知性と合理の結論を、三一〇万人の自国民の死を招いた後、戦後のエリートたちは、政治の進歩に活用したのでしょうか？

しょせん歴史は「繰り返し」にすぎないのか

こうした問いかけに対して、読者の中には「ノー！」と唱える人もいるでしょう。それは当然です。

たとえば、師ソクラテスを民衆裁判で殺されたプラトンは、絶望のあまり政治から身を引いて、怒りで冷静さを失った人々による愚民政治の危険を避けるために、賢明なリーダーによる政治（哲人政治）を構想しましたが、それをどうやって産み出すかについては何も言葉を遺しませんでした。

そして古代ギリシャのポリスは、その後マケドニアに侵略され、世界史の舞台から消えてゆきました。世界にはいまだに哲人王は生まれていません。

これと同じようなことは現在の地球のあちこちで起きています。それは否定できない事実です。

「我々はいつの世においても、悲劇と喜劇を繰り返すだけなのだ」という警句を、私はけっして否定しません。ある側面から見れば、人間は数千年前と比べても数ミリも進化していません。それは事実です。

しかし、繰り返される悲喜劇も、よく観てみればかつてとは異なる何かを持って今日も上演されているはずです。

なぜならば、舞台上にいる役者は、つねに新しき人々であり、それを批評し鑑賞する観客もやはり入れかわるからです。

そして今や、ある時は観客だった自分が、いつでも舞台上の役者となりえるのだということが、民主政治劇場では当然の前提となっています。同じ悲喜劇は、同じ脚本を使っても、新しき役者によって異なる作品を産み出します。古典がつねに最新の作品を産み出すという深遠なる逆説もここにあります。

政治学徒である私は、先人たちの格闘と苦悩、それを引き受けた者たちの姿を学ぶことによって、人間はそこにおいてなにがしかの進歩と成熟を果たすことができるはずだと考えます。

事実、イングランドのブルジョアジーは、自分たちの経済的利益を守るために王権と対立したという動機はあるにしても、「約束を破ったら権力の正当性はなくなる」という新しい考え方をルール化しました。この思想は世界中の憲法に埋め込まれています。

肉体を駆使して働く者たちは、社会主義・共産主義革命の指導者によって、この世にいる多様な人間の欲望を否定する窮屈な世界を作ることに利用されてしまいましたが、「働く奴らにはものを考える力はない」という勝手な言い草を「それは戯言《ざれごと》だ」と証明しました。

おびただしい数の死と破壊をもたらした二つの世界大戦に衝撃を受けた世界のリーダーは、矛盾だらけの組織である国連を通じてですが、国際法というルールを少しずつ成熟させ、地球の消滅を招く核兵器の暴走をコントロールしようとしています。

そして、あの戦争が終わって七〇年以上を経ても、我々の周りには「なぜあの戦争を止められなかったのか?」、「どうして巨大な責任を負うべき者たちがそれを十全に果たしていないのか?」、「何が失われた時に、また同じ失敗を繰り返す可能性が高いのか?」という未解決の問題を、けっして手放すことなく考え続ける人々が、この社会にはたくさんいます。

眼前に展開する喜劇も悲劇も、それを伝える脚本と新しい役者があってこそ堪能できます。しかし、舞台上の悲喜劇が、優れた台詞を失い、大雑把な幼児語にとって代わられ、利に堕した虚偽と改竄で埋められ、古き文法だけを身体化させた役者によって上演された時、私たちはそれを喜劇とも悲劇とも判別できず、陳腐で、たちの悪い寸劇として、自覚することなくただ戯《たわむ》れに消費することになりましょう。それは人間の営みとしての文化の衰退を意味します。

この時、それを招くのも、それを克服するのも、逃れようもなく我々の営みとして残された政治なのです。

舞台上で今を生きるすべての人は、あまねく新しき人なのだという出発点を最後に示し、私のこの苦しい振り返りをいったん終わりにしたいと思います。

本書は書き下ろしです。

あとがき

これを書きながら、午後のＰＴＡの会合で使う「言葉」のことを考えています。伝えたいのは「ＰＴＡは義務でなく、〝与えることで与えられる〟日常の延長の楽しい舞台だよ！」です。

でも、そのまま言っても伝わりません。人は自分がなぜ一生懸命なのか、どうして気が乗らないのかが、自分でもボンヤリしていることが多いからです。

でもそこをよく考えて、全国で罵詈雑言を浴びている二〇世紀型ＰＴＡを（発展的解体も含めて）「一人ひとりの良質な力を引き出せるもの」に再生させるという目標に近づかねばなりません。それは民主主義の岩床となりえるからです。

この遠大な目標達成のための第一歩は、ＰＴＡに初めて接触する新一年生の保護者の緊張を溶かすことです。だから真っ赤な広島カープのユニを着てＰＴＡ会長が登場という工夫をするのです。それは「そっかぁ、ＰＴＡって生活の一部だもんね」という望ましい脱力感をもたらすはずです。

実は数日前、「入学式の祝辞」にそれは伏線としてすでに忍び込ませてあったのです。次のステップは、「今年の役員の六〇％がフルタイムワーカーで、パパ役員も五人に増えました。だから会合は土曜の子供の登校日午前中です」と具体的に伝えることです。

「ちょっとやってみようかな」感が上がります。

ささやかなものですが、これだって政治です。

第一原稿を書き終えてから一年もの陣痛を経て、なんとか生まれたのがこの本です。思いはあふれますが、「作品」にするためにはオトナにならねばなりません。なにしろ「オトナになろう」と呼びかける本なのですから、そういう試練と格闘するのは当然です。

そんな試練を与えてくれた集英社インターナショナルの畏友編集者、佐藤眞氏に感謝をお伝えします。こんな厄介なテーマの本を世に送り出すためには、意地悪バアさんのような助産師が必要でした。ありがとうございました。

もうすぐ地元の区議会選挙の投票です。応援している初陣女性候補に「駅前にばっか居たって、通り過ぎるだけでみんな小難しい政策なんて聞いてくれねぇぞ！」と、またぞろ意地悪ジイさんのような嫌味でも言って、きちんと鼓舞してやろうと思います。

二〇一九年四月

岡田憲治

◎本書に関わる参考文献・映画ドラマ作品

井手英策『幸福の増税論——財政はだれのために』（岩波新書）
井上達夫『リベラルのことは嫌いでも、リベラリズムは嫌いにならないでください』（毎日新聞出版）
猪瀬直樹『昭和16年夏の敗戦』（中公文庫）
岡田憲治『静かに「政治」の話を続けよう』（亜紀書房）
『ええ、政治ですが、それが何か?』（明石書店）
『デモクラシーは、仁義である』（角川新書）
「一八歳は何を学ぶと『主権者』となるのか?」『世界　別冊ｎｏ．８８１』（岩波書店）
岡義達『政治』（岩波新書）
バーナード・クリック『政治の弁証』（岩波オンデマンドブックス）
佐木隆三『越山　田中角栄』（現代教養文庫）
高畠通敏『政治学への道案内』（講談社学術文庫）
鶴見俊輔『新しい風土記へ　鶴見俊輔座談』（朝日新書）
竹内好『竹内好　ある方法の伝記』（岩波現代文庫）
中北浩爾『自民党——「一強」の実像』（中公新書）

中島岳志『保守と立憲』（スタンド・ブックス）
西部邁『どんな左翼にもいささかも同意できない18の理由』（幻戯書房）
クリストファー・ノーラン『ダンケルク』（ワーナー・ブラザース・ホームエンターテイメント）
ジョナサン・ハイト『社会はなぜ左と右にわかれるのか』（紀伊國屋書店）
エドマンド・バーク『新訳　フランス革命の省察』（ＰＨＰ研究所）
ジョセフ・ヒース『啓蒙思想 2.0 』（ＮＴＴ出版）
プラトン『ソクラテスの弁明』（光文社古典新訳文庫）
ブレイディみかこ『ＴＨＩＳ ＩＳ ＪＡＰＡＮ 英国保育士が見た日本』（太田出版）
ブレイディ・松尾・北田著『そろそろ左派は〈経済〉を語ろう』（亜紀書房）
堀内進之介『感情で釣られる人々』（集英社新書）
松尾匡『新しい左翼入門』（講談社現代新書）
丸山眞男「『現実』主義の陥穽」『丸山眞男セレクション』（平凡社）
「現代における態度決定」『現代政治の思想と行動』（未來社）
山田太一『ふぞろいの林檎たち』（大和書房・新潮文庫、アミューズソフトエンタテインメント）
吉田徹『感情の政治学』（講談社選書メチエ）
Ｈ・Ｄ・ラスウェル『権力と人間』（東京創元社）
マーク・リラ『リベラル再生宣言』（早川書房）
ロバート・ロッセン『オール・ザ・キングスメン』（ソニー・ピクチャーズ エンタテインメント）

岡田憲治〈おかだ・けんじ〉

1962年東京生まれ。早稲田大学大学院政治学研究科博士課程修了（政治学博士）。専修大学法学部教授。専攻は現代デモクラシー論。著書に『権利としてのデモクラシー』（勁草書房）、『言葉が足りないとサルになる』、『静かに「政治」の話を続けよう』（ともに亜紀書房）、『働く大人の教養課程』（実務教育出版）、『ええ、政治ですが、それが何か？』（明石書店）、『デモクラシーは、仁義である』（角川新書）。インターネット・ラジオ「路地裏政治学」（ラジオデイズ）など各種メディアにて発言・寄稿。

なぜリベラルは敗《ま》け続《つづ》けるのか

2019年5月29日 第1刷発行

著 者 岡田憲治《おかだけんじ》

発行者 手島裕明

発行所 株式会社集英社インターナショナル

〒101-0064 東京都千代田区神田猿楽町1-5-18
電話 03(5211)2632

発売所 株式会社集英社

〒101-8050 東京都千代田区一ツ橋2-5-10
電話 読者係 03(3230)6080
販売部 03(3230)6393(書店専用)

印刷所 三晃印刷株式会社

製本所 株式会社ブックアート

ISBN978-4-7976-7373-9 C0031

集英社インターナショナルの本

最新進化学が解き明かす「心と社会」

きずなと思いやりが日本をダメにする

長谷川眞理子×
山岸俊男・著

「美しい日本」「女性活躍」など空疎な言葉が並ぶ昨今の日本政治。
誰もがなんとなく「これでいいのか」と思っている問題に、
最新の進化学、社会心理学、脳科学などを駆使してずばり、切り込む！

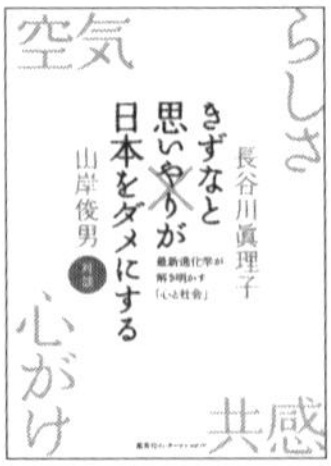

四六判
本体1、600円
978-4-7976-7332-6 C0036

集英社インターナショナルの本

『國民の創生』から『バック・トゥ・ザ・フューチャー』まで

最も危険なアメリカ映画　町山智浩・著

暴走するアメリカ民主主義――その「原型」はハリウッド映画の中にあった！

四六判
本体1、200円
978-4-7976-7334-0 C0095

集英社インターナショナルの本

日本人のための憲法原論

小室直樹・著

西洋文明が試行錯誤の末に産み出した英知、
「憲法の原理」を碩学が解き明かす！

四六判
本体1、800円
978-4-7976-7145-9 C0032